ARNDT MEHRING
FRIEDRICH KUHLAU IM SPIEGEL SEINER FLÖTENWERKE

ARNDT MEHRING

Friedrich Kuhlau
im Spiegel
seiner Flötenwerke

ZIMMERMANN-FRANKFURT

ZM 18

Dieses Werk wurde unter dem Titel „Friedrich Kuhlau — Sein Leben unter besonderer Berücksichtigung seiner Flötenwerke" als Examensarbeit der Hochschule für Musik Detmold, Abteilung Dortmund, vorgelegt. Die Veröffentlichung erfolgt mit Unterstützung der Kuhlau-Stadt Uelzen.

Mehring, Arndt: Friedrich Kuhlau im Spiegel seiner Flötenwerke
© 1992 by Musikverlag Zimmermann, Frankfurt am Main
ZM 18
ISBN 3—921729—64—5
1. Auflage
Herstellung: Drei Kronen Druck GmbH, Hürth/Rheinland
Alle Rechte vorbehalten. Nachdruck, auch auszugsweise, verboten.
Fotokopieren unserer Ausgaben ist verboten und wird rechtlich verfolgt.

"Durch Flötenklang
versprech ich zu verwandeln
den Hass zu Liebe."

Aus Friedrich Kuhlaus
Zauberflötenoper "Lulu"

Inhaltsverzeichnis

Einführung   IX

1. Uelzen / Lüneburg / Altona   1
   Braunschweig
   1786 - 1802
   Erste Kompositionen für Flöte

2. Hamburg   9
   1803 - 1810
   Variations et Caprices op.10 (bis)

3. Kopenhagen   19
   1810 - 1821
   Duos op.10/Trios op.13

4. Erste Wienreise   36
   1821
   Fantasien op.39

5. Kopenhagen   44
   1822 - 1823
   Duos op.39/Quintette op.51

6. Intermezzo: 55
   1823 / 1824
   "Lulu oder Die (andere) Zauberflöte"

7. Kopenhagen   66
   1823 - 1825
   Grands Solos op.57/Variationen op.63/
   Sonate op.64/Divertissements op.68/
   Sonate op.69/Sonate op.71

8. Zweite Wienreise   82
   1825
   Duos op.80/Duos op.81

9. Lyngby   92
   1826 - 1828
   Sonaten op.83/Sonate op.85/
   Trios op.86/Duos op.87/Trio op.90

10. Lyngby   120
   1829
   Variationen op.94/Fantasien op.95/
   Introduktion und Rondo op.98/
   Variationen op.99/Variationen op.101/
   Duos op.102/Quartett op.103/
   Variationen op.104/Variationen op.105/
   Duos brillant op.110

11. Lyngby / Kopenhagen   159
   1830 - 1832
   Trio op.119

Verzeichnis der Flötenkompositionen   172
von Friedrich Kuhlau

Quellenverzeichnis   175

Abbildungsverzeichnis   183

Abkürzungen   187

Personenregister   188

Einführung

Die Zeitspanne zwischen 1786 und 1832, in der Friedrich Kuhlau auf dieser Welt gelebt hat, ist fast genau die Epoche, die heute als die Zeit der deutschen Romantik bezeichnet wird. Politisch etwa eingegrenzt durch zwei französische Revolutionen, ist es der Wiener Kongreß 1815, der diese Epoche in zwei Hälften teilt: Das Zeitalter Napoleons - das Empire - und das Zeitalter der gesellschaftlichen Vormachtstellung Wiens - die Restauration -. Diese politischen und gesellschaftspolitischen Ereignisse haben das Leben und Werk Kuhlaus entscheidend geprägt. Durch das Machtstreben Napoleons wurde Kuhlau 1810 zum politischen Flüchtling. Zwei Besuche im Kulturzentrum Wien 1821 und 1825 brachten ihm wichtige Anregungen für seine Werke.

Von Kuhlaus insgesamt 127 Opusnummern galten zu Lebzeiten seine dramatischen Kompositionen als Hauptwerk, während seine für den "vorgeschrittenen Kunstfreund"[1], meist auf Bestellung geschriebenen Kammermusikwerke, als zweitklassige Salonpiecen abgetan wurden. Noch 1886 behauptete sein erster Biograph Carl Thrane: "Wenn Kuhlau ein regelmäßiges jährliches Einkommen gehabt hätte, von dem er in der Hauptsache leben konnte, würde ein bedeutender Theil seiner Compositionen geradezu nicht zum Dasein gekommen sein;"[2] Richtig ist die Annahme, daß Kuhlau einige seiner Werke geschrieben hat, um seine ewige finanzielle Not zu

---

1) MGG Bd. 7, S. 1878.
2) C. Thrane: Friedrich Kuhlau, S. 50.

lindern; falsch jedoch, daß deshalb viele dieser Werke, vor allen Dingen diejenigen mit Flöte, in ihrer Qualität zweitklassig sind, wie Karl Graupner in seiner Dissertation über Friedrich Kuhlau noch 1930 behauptet: "Deswegen findet sich unter seinen Flötenkompositionen soviel Unbedeutendes."[1] Fest steht, daß Kuhlau mit seinen 30 Opusnummern, in denen er mindestens eine Flöte einsetzte, mehr Geld verdient hat, als mit allen seinen anderen Kompositionen.

Daß die Musikverleger in der ersten Hälfte des 19. Jahrhunderts gerade Kammermusikwerke mit Flöte so nobel honorierten, lag an der großen Anzahl von Flöte blasenden Liebhabern, die ihnen den Absatz geeigneter Kompositionen garantierten. Besonders das starke Geschlecht rühmte sich gerne mit dem "Zauberstab" die eigenen Gefühle in den Wind auf eine klangvolle Reise zu schicken, wie dies am schönsten Jean Paul (1763 - 1825) in seiner Biographie "Flegeljahre" beschreibt: "Wohl lieb' ich, ..., die Flöte, den Zauberstab, der die innere Welt verwandelt, wenn er sie berührt, eine Wünschelrute, vor der die innere Tiefe aufgeht."[2] Unter den Flötenliebhabern dieser Zeit finden sich Persönlichkeiten, wie Friedrich Hölderlin (1770 - 1843), der als Schüler des blinden Flötisten Friedrich Ludwig Dulon "das Flötenspiel mit großer Kunst beherrschte."[3] und Arthur Schopenhauer (1788 - 1860), der "sich im täglich geübten Flötenspiel

---

1) K. Graupner: Friedrich Kuhlau, S. 53.
2) J. Paul: Flegeljahre, Erstes Bändchen, Nr. 13, S. 89.
3) U. Häussermann: Hölderlin, S. 50

erholte."[1] Unter den Komponisten finden sich Hector Berlioz (1803 - 1869), der eine Zeit lang "täglich zwei Stunden in Gesang und Flöte"[2] unterrichtet wurde und Peter Iljitsch Tschaikowsky (1840 - 1893), der von sich selbst behauptete "Ich spiele selbst ein wenig Flöte"[3], aber immerhin so gut spielte, daß er bei einem Konzert zu Ehren von Clara Schumann in St. Petersburg einen Part in Kuhlaus Flötenquartett op. 103 übernahm.[4] Johannes Brahms (1833 - 1897), in dessen Besitz sich ein Klavierauszug von Kuhlaus "Lulu" befand, hätte gerne noch selbst das Flötenspiel erlernt, um Kuhlaus Flötensonaten spielen zu können.[5]

Die schnelle Verbreitung der Kuhlauschen Flötenwerke lag zum einen daran, daß alle diese Kompositionen noch zu seinen Lebzeiten gedruckt worden sind, und zum anderen, daß sie neben ihren kompositorischen Qualitäten eine genaue Kenntnis des Instruments Flöte aufweisen. Ein Vergleich mit Flötenwerken von einigen Zeitgenossen Kuhlaus zeigt, daß deren Werke diese Vorzüge nur zum Teil aufweisen. Den Stücken Jean Louis Tulous (1786 - 1865) fehlt - trotz aller flötistischen Gewandtheit - die kompositorische Qualität, und den Sonaten von Friedrich Schneider (1786 - 1853) fehlen - trotz aller satztechnischen Vorzüge - genaue Kenntnisse, um für die Flöte erstklassig schreiben zu können. Von Carl Maria von Weber (1786 - 1826), dem wichtigsten Komponisten dieser Zeit,

---

1) W. Abendroth: Schopenhauer, S. 120.
2) W. Dömling: Berlioz, S. 12.
3) P. I. Tschaikowsky: Brief vom 4.1.1880.
4) A. Rachmanowa: Tschaikowsky, S. 70.
5) U. v. Hase-Schmundt: Booklet zur CD-Einspielung von drei Flötenwerken Kuhlaus.

ist leider nur ein wirklich bedeutendes Originalwerk mit Flöte, das Trio g-moll op. 63 überliefert. Weber, wie viele andere romantische Komponisten, hat sich mehr um Werke mit Klarinette bemüht, weil die modulationsfähigen Klangfarben dieses Holzblasinstruments den Vorstellungen des romantischen Zeitgeistes besonders nahe kamen.

Kuhlaus auffällige Begabung, für die Flöte schreiben zu können, beruht auch auf der Tatsache, daß er schon als Kind mit dem Flötenspiel in Berührung kam. Er hörte den Flötenunterricht seines Vaters im eigenen Haus und nahm schon früh selbst Flötenstunden. Hinzu kam, daß er bis zu seinem Tod stets intensiven Kontakt mit Flöstisten seiner Zeit pflegte. Die vielen der Flöte "auf den Leib" geschriebenen Kompositionen Kuhlaus haben sogar dazu geführt, daß er in zeitgenössischen Darstellungen unzutreffend als Soloflötist in der königlichen Kapelle zu Kopenhagen genannt wurde.[1] Diese Annahme hat Kuhlau 1829, als er das Flötenspiel mittlerweile aufgegeben hatte, um sich ganz dem Komponieren widmen zu können, selbst noch dementiert und mit dem folgendschweren Zusatz versehen: "... und kann doch nicht den kleinsten Griff auf der Flöte machen."[2] Mit diesem Briefzitat wurde nach Kuhlaus Tod versucht, seine besondere Beziehung zur Flöte zu widerlegen, um so seine zahlreichen Werke für dieses Instrument in das Genre der effektvollen Salonpiecen abqualifizieren zu können. 1886 verfolgte Kuhlaus erster Biograph

---

1) A. Goldberg: Porträts hervorragender Flöten-Virtuosen, -Dilettanten und -Komponisten.
2) Brief an W. C. Müller vom Dezember 1829, zitiert nach G. Busk: Kuhlau Breve, wie alle folgenden Kuhlaubriefe.

Carl Thrane, der die Flöte als ein Instrument bezeichnete, "das seiner Natur nach zu den untergeordneten gerechnet werden muß"[1], das gleiche Ziel, allerdings um Kuhlau von dem Spitznamen "Beethoven der Flöte"[2] zu befreien und ihn vielmehr als bedeutenden Komponisten eigenständiger Opernwerke herauszustellen. Dieser Versuch schlug fehl, weil Kuhlaus Beiträge auf diesem Gebiet den Konkurrenzstücken seiner Zeitgenossen nicht standhalten konnten. Die eigentliche negative Folge war, daß auch einige Flötenwerke Kuhlaus damals nicht wieder aufgelegt worden sind. Fast alle dieser seinerzeit vergriffenen Flötenkompositionen liegen heute jedoch wieder in Neuauflagen vor.

Ein großer Glücksfall ist es, daß der Verfasser dieser Arbeit die beiden letzten in diesen Neuauflagen fehlenden Kuhlauschen Flötenwerke als einzelne Exemplare der Erstauflage wieder aufgefunden hat. Auf diese Weise stehen zum ersten Mal überhaupt sämtliche noch erhaltene Flötenwerke Kuhlaus zur Verfügung. Diese vollständige Notensammlung wird in der vorliegenden Arbeit besprochen. In 72 Notenbeispielen werden Besonderheiten und Analysen dieser Werke dargestellt. Zusätzlich werden den zahlreichen Variationszyklen, die sich unter den Flötenwerken Kuhlaus befinden, die Originalthemen, die Kuhlau benutzt hat, gegenübergestellt, um damit wichtige Hinweise zur themengerechten Interpretation dieser Kompositionen geben zu können.

---

1) C. Thrane: Friedrich Kuhlau, S. 48.
2) MGG Bd. 7, S. 1878.

Nordische Volkslieder, Partituren und Klavierauszüge heute längst vergessener Opern wurden eigens für diese Arbeit wiederentdeckt.

Neben diesen ausführlichen Werkbesprechungen wird das Leben Friedrich Kuhlaus möglichst genau dargestellt, und zwar immer im Zusammenhang mit dessen Flötenwerken. Für die biographischen Angaben lagen dem Autor drei Schriften vor: Die Biographie von Carl Thrane aus dem Jahre 1886, der seine Ergebnisse hauptsächlich auf Anekdoten und Vermutungen stützte, die Dissertation von Karl Graupner aus dem Jahre 1930, der zwar wissenschaftlicher als Thrane zu Werke ging, dabei allerdings viele Ungenauigkeiten Thranes übernommen hat, und schließlich die hervorragende, in dänischer Sprache verfaßte Dissertation von Gorm Busk aus dem Jahre 1986, der die Kuhlauschen Lebensstationen sehr genau nachzeichnete. Allen drei Biographien ist jedoch eines gemein: Sie stellen Kuhlaus Leben unter besonderer Berücksichtigung seiner Opernwerke dar und beziehen Kuhlaus Flötenwerke - wie Thrane und Graupner überhaupt nicht - oder - wie Busk nur am Rande - mit ein.

In diesem vernachlässigten Bereich bewegt sich die vorliegende Arbeit: Der Autor hat versucht, Entstehungsgeschichte und Wirkung von Kuhlaus Werken mit Flöte aufzuzeigen, die nach seiner Überzeugung die Bedeutung und anhaltende Bekanntheit dieses Komponisten ausmachen.

Abb. 1: Friedrich Kuhlau
Lithographie um 1830

1. Uelzen / Lüneburg / Altona / Braunschweig
   1786 - 1802
   Erste Kompositionen für Flöte

Friedrich Daniel Rudolph Kuhlau wurde am 11. September 1786 in Uelzen, einem kleinen Städtchen zwischen Hannover und Hamburg gelegen, geboren. Der idyllische Ort in der Lüneburger Heide gehörte damals zum Kurfürstentum Hannover, das seit 1714 in Personalunion mit England stand, und seit 1760 von Georg III., König von England, regiert wurde. Die im Kurfürstentum Hannover stationierten Regimenter wurden damals stark vergrößert, da England eine weitere Intervention des Todfeindes Frankreich befürchtete, das schon einmal 1757 weite Teile des Gebietes, auch Uelzen, besetzt hatte.[1] Hier lag 1786 das 12. Infanterieregiment "von Linsing"[2], in dem Johann Karl Kuhlau (1747 - 1830), Friedrichs Vater, eine Stellung als Militärmusiker innehatte. Nach den spärlichen Überlieferungen war er ein einfacher, wenig gebildeter aber sorgsamer Mann, der versuchte, durch Unterrichtsstunden seinen geringen Sold aufzubessern, um wenigstens seine Familie ernähren zu können. Er hatte 1770 Dorothea Charlotte Seegers (1752 - 1830) aus Hannover geheiratet und mit ihr elf Kinder gezeugt, von denen aber nur fünf, drei Söhne und zwei Töchter, am Leben blieben.

---

1) Der Landkreis Uelzen, S. 44.
2) K. Graupner: Friedrich Kuhlau, S. 16.

Friedrich, zwei Tage nach seiner Geburt, am 13. September 1786, in der St. Marienkirche zu Uelzen getauft, war der jüngste Sohn seiner Eltern. Er kam durch die Unterrichtsstunden, die sein Vater zu Hause gab, schon zu Beginn seines Lebens mit dem Klang der Flöte in Berührung.

Als "Hoboist" oder "Hautboist", in Deutschland bis 1918 eine Sammelbezeichnung für alle Musiksoldaten[1], mit Ausnahme der Trompeter und Pauker, die als Signalübermittler eine höher angesehene Sonderstellung mit besserer Bezahlung besaßen, hat der Vater im Militärdienst Oboe und auch Flöte gespielt. Da das Regiment des Vaters verlegt wurde, zog die Familie um 1793 ins nahe Lüneburg, wo Friedrich, Anfang 1796, einen folgenschweren Unfall hatte: "Er war ungefähr 9 1/2 Jahre alt und wohnte bei seinen Eltern in Lüneburg, als er eines Abends im Dunklen mit einer Flasche ausgeschickt wurde, um etwas zu holen. Er blieb da vor einem Schuhmacherladen stehen, in welchem eine aparte Lampe seine Aufmerksamkeit auf sich zog. Indem er nun einige Stufen hinaufgestiegen war, um das Licht näher in Augenschein zu nehmen, hörte er, daß nach ihm gerufen wurde; er eilte die Stufen wieder hinab, fiel und schlug sich von der Flasche, welche zerbrach, Scherben in den Kopf und in das rechte Auge."[2] Der herbeigerufene Dr. Meidel konnte das rechte Auge nicht mehr retten, und die Verletzungen waren so schwerwiegend, daß der kleine Friedrich lange Zeit ans Bett gefesselt blieb. Noch im Mai 1796, ungefähr vier Monate nach dem Unfall, schrieb

---

1) MGG Bd. 9, S. 315.
2) C. Thrane: Friedrich Kuhlau, S. 2 ff.

der fürsorgliche Vater an Friedrichs älteste Schwester Amalie Kuhlau (1774 - 1851): "Fritz ist noch so, wie du ihn verlassen hast, Herr Meidel sagt aber, dass das alles so kommen muss wie es nun ist, sonst würde er nicht wieder besser; nun würde er noch ein schlimmes Fieber bekomen; wenn das vorüber, so würde es gut werden. Aber das ist eine schlimme Sache; ich und alle die von unserm Regiment hier auf Urlaub sind, haben vorgestern Ordre bekomen, sogleich zum Regiment zu kommen; ... so eben kommt Herr Meidel, Fritzen zu verbinden; da haben wir beider mit innigster Betrübniss gesehen, wie ihm das Auge rein aus dem Kopfe herauschwört. Herr Meidel sagt, das wäre nun noch das Beste, was er noch daran thun könnte, dass er es so heilte, dass er nur kein so übles Aussehen darnach bekäme. ..."[1] Wie "übel" das Aussehen Friedrichs nach dem langwierigen Heilungsprozeß wurde, läßt sich heute schwer sagen. Die erhaltenen Bilder und Zeichnungen zeigen entweder nur die linke Gesichtshälfte oder beschönigen nach dem Geschmack der Zeit sein Antlitz. Auf seine Mitmenschen hat diese Behinderung später, in Verbindung mit seiner großen Statur, einen außergewöhnlichen Eindruck gemacht. "Ein Ciclop. - Das Auge steht der Nase nahe;"[2] In seiner weiteren Entwicklung mag das ungewöhnliche Aussehen und die ihn lange umhegende Pflege der Eltern ausschlaggebend für viele charakterliche Eigenschaften gewesen sein. Kuhlau war ein schüchterner und zurückhaltender Mann, der zeitlebens unverheiratet blieb und sich 16 Jahre lang aufopfernd um seine Eltern gekümmert hat. Er selbst hat

---

1) Brief J. C. Kuhlaus an Amalie Kuhlau vom 7.5.1796.
2) M. Schlesinger zu L. v. Beethoven aus A. W. Thayer: Ludwig van Beethovens Leben V. Band, S. 234 ff.

den Unfall "jederzeit als ein außerordentliches Glück"[1] bezeichnet, durch den sich sein Schicksal entschieden hat. "Er pflegte zu versichern, daß er mit dem einen Auge ebenso gut Noten lese, wie ein Andrer mit beiden Augen."[2] Dieses außerordentliche Glück bezog er auf den Umstand, daß die Eltern ihm als Ablenkung ein Klavier quer über sein Krankenlager gestellt hatten, auf dem er seine Freude am selbständigen Musizieren erstmals empfand, und die Eltern seine musikalische Begabung erkannten. Die enge Verbindung zwischen den Unfallfolgen und seiner Beschäftigung mit der Musik verdeutlicht ein Brief des fast zehnjährigen an seine Schwester: "... Mir fehlt weiter nichts, als ich habe man noch einen ausgeschlagnen Kopf und der Knuben in der Backe hat sich wieder gefüllt. Ich habe wohl schon 12 Kruken voll Latwerge ausgebraucht, nun aber nicht mehr. Ich werde bald schöne neue Arien bekommen, wenn ich sie habe, so will ich sie dir abschreiben, ..."[3]

Die musikalische Begabung, die die Eltern aus seinem improvisierten Klavierspiel erkannten, versuchten sie, so gut sie es mit ihren geringen finanziellen Möglichkeiten konnten, zu fördern. Hartwig Ahrenbostel, Organist an der Heiligen-Geist-Kirche zu Lüneburg, wurde sein erster Klavierlehrer, der Vater übernahm den Unterricht im Flötenspiel. Friedrich war also zehn Jahre alt, als er selbst die Flöte spielen lernte; eine Tatsache, die seine Biographen zwar erwähnen, aber mit zwei späteren Briefstellen zu widerlegen versuchen. Die erste stammt aus dem Jahre 1813, 17 Jahre

---

1) C. Thrane: Friedrich Kuhlau, S. 4.
2) Ebenda.
3) Brief an Amalie Kuhlau von 1796.

später:"... ich spiele nur wenig dies Instrument, aber ich kenne es genau. ..."[1] Die zweite aus dem Jahre 1829, weitere 13 Jahre später: "... und (ich) kann doch nicht den kleinsten Griff auf der Flöte machen. ..."[2]

Aufgrund der großen Zeitabstände zwischen diesen Äußerungen liegt es nahe zu vermuten, daß Kuhlau im Laufe seines Lebens das Flötespielen nach und nach aufgegeben zu haben scheint, um sich ganz seiner Kompositionsarbeit widmen zu können. Die Tatsache, daß er in späteren Jahren auch das öffentliche Klavierspielen zugunsten dieser schöpferischen Arbeit ganz aufgegeben hat "... da ich nicht mehr Conzertspieler bin ..."[3] unterstützt diese These.

Wichtig ist festzuhalten, daß Kuhlaus Fähigkeit, ausgezeichnet für die Flöte schreiben zu können, vor allen Dingen auch darauf beruht, daß er dieses Instrument selbst gespielt hat. Daß seine Flötenwerke weit über den Kompositionen der damaligen Flötenvirtuosen stehen, liegt an seiner Ausbildung zum Pianisten und Komponisten.

Seine ersten Flötenkompositionen, nicht mehr erhaltene Tänze und andere kleine Stücke, entstanden noch in Lüneburg für einen dort ansässigen Gewürzkrämer: "... So fügte es sich, daß er eines Tags zu einem Gewürzkrämer kam, welcher ein eifriger Flötenbläser war. Der Gewürzkrämer benutzte die Gelegen-

---

1) Brief an G. C. Härtel vom 4.3.1813.
2) Brief an W. C. Müller vom Dezember 1829.
3) Brief an J. M. Witkowsky vom 5.5.1829.

heit und frug den Knaben, ob er ihm nicht einige Noten vom Vater beschaffen könne, der außer der Violine (!) auch die Flöte spielte. Mochte nun der kleine Friedrich solche Noten nicht finden oder betrachtete er es als mehr ergötzlich, dieselben selbst zu schreiben: genug er componierte einige Tänze und andere kleine Stücke für Flöte, welche er dem Gewürzkrämer übergab. ..."[1] Als Bezahlung soll er eine "riesengroße Tüte Rosinen und Mandeln"[2] bekommen haben, wobei er hieraus gelernt hat, daß man mit Flötenwerken sich etwas verdienen kann. Natürlich konnte der kleine Friedrich damals noch nicht ahnen, daß er mit seinen Flötenwerken mehr verdienen sollte, als mit allen seinen anderen zahlreichen Kompositionen zusammen, seine Opern eingeschlossen.

Da das Regiment des Vaters nach 1796 mehrmals verlegt wurde, erst nach Northeim, dann nach Osterode und Göttingen, und die ganze Familie nicht dauernd mit umziehen konnte, wurde Kuhlau auf verschiedene Internate geschickt, wo er seine Schulbildung, die er mit seinem Bruder Andreas Kuhlau (1782 - 1858) in Lüneburg begonnen hatte, vervollständigen konnte. Am 28. Juni 1800 wurde er in das "Christianeum"[3], eine Lateinschule in Altona, aufgenommen, an deren Musikleben er auch teilnahm.

Unter dem 2. April 1802 wird er im Schülerverzeichnis als Primaner des Katharineums, einer höheren Schule in Braunschweig, genant, wo er nach dem Lehrplan zu urteilen, eine umfassende Schulbildung erhalten hat, die sich über die Fächer Latein,

---

1) C. Thrane: Friedrich Kuhlau, S. 5.
2) Ebenda.
3) G. Busk: Friedrich Kuhlau, S. 22.

Deutsch, Arithmetik, Algebra, Geometrie, Trigonometrie, Naturgeschichte, Religion und Tugendlehre erstreckte.[1] Das Schulgeld und den Lebensunterhalt verdiente er sich als Kurrendeschüler, indem er am Kirchengesang teilnahm und die damals freiwilige Bezahlung für die Lehrer von Haus zu Haus einsammelte. Zusätzlich soll er zwei Predigersöhnen Musikunterricht gegeben haben. In Braunschweig hat Kuhlau auch die Oper kennengelernt, die unter französischer Leitung stand und u. a. Werke von Mozart, Gluck, Cherubini und Boieldieu auf ihrem Spielplan hatte. Nicht auszuschließen ist, daß Kuhlau auch hier mitgewirkt hat: entweder im Extrachor, den seine Schule stellte, oder im Orchester, wo er vielleicht als Flötist spielte. Hier war zu dieser Zeit der nur um zwei Jahre jüngere Louis Spohr (1784 - 1859) als Geiger tätig, den Kuhlau so kennenlernte. Die freundschaftliche Beziehung der beiden Komponisten zueinander unterstrich Kuhlau später, indem er ihm seine "Grande Sonate für Violine und Klavier op. 33" widmete. Auch den böhmischen Komponisten Johann Ladislaus Dussek (1760 - 1812) lernte Kuhlau hier kennen. Instrumentalunterricht ist in Braunschweig nicht mehr nachzuweisen. An Kompositionen entstanden einige Arien, die Kuhlau dem deutschen Musikverleger Gottfried Christoph Härtel (1763 - 1827) zum Druck anbot: "... Schon lange ersuchen mich meine Freunde, einige meiner Kompositionen dem Drucke zu übergeben, aber immer musste ich noch die Fuchtel der Kritik fürchten. Länger aber widerstehe ich ihren Bitten nicht und ersuche Sie daher, diesen

---

1) K. Graupner: Friedrich Kuhlau, S. 16.

meinen innigsten Wunsch zu befriedigen, mitgeschickte Arien in Verlag zu nehmen. ..."[1] Obwohl Härtel hier noch die Übernahme der Arien ablehnte, sollte er von 1810 bis 1822 Kuhlaus wichtigster Verleger werden.

Höchstens eineinhalb Jahre blieb Kuhlau in Braunschweig, bevor er, wahrscheinlich Anfang 1803, nach Hamburg übersiedelte, wo sich mittlerweile auch seine Eltern niedergelassen hatten. Der Vater hatte seinen Abschied vom Militärdienst genommen und verdiente hier seinen Lebensunterhalt als Musik- und Instrumentallehrer. Die wichtigen Eindrücke, die Kuhlau vom Opernbetrieb, vor allem aus Aufführungen von Mozart-Opern in Braunschweig erhalten hatte, wollte er nun in der norddeutschen Musikstadt vertiefen. Sein größter Wunsch, Komponist besonders auch von dramatischen Werken zu werden, fand hier seine endgültige Vertiefung.

Johann Karl Kuhlau
(Hoboist)
geb. 5. Juni 1747 in Leipzig
gest. 21. Januar 1830 in Lyngbye.

Charlotte Dorothea Kuhlau geb. Seegern
(*1752) gest. 13. November 1830 in Lyngbye.

Johann Caspar Friedrich	Sophie Clara Amalie	Anna Sophia Catharina	David Gottfried Martin (Musiker in Kalkutta)	Johann Andreas Christian (Kaufman)	Hanna Margarethe Wilhelmine	Friedrich **Daniel** **Rudolph** (Komponist)	Catharina Dorothea	Christina Louise Magdalene
geb. 23. Juli 1772 in Stade	geb. 23. Aug. 1774 in Stade gest. 8. Febr. 1851 in Leipzig	geb. 2. Okt. 1776 in Stade	geb. 2. Mai 1780 in Stade, gest. ?	geb. 25. Sept. 1782 in Stade gest. 22. Sept. 1858 in Leipzig	geb. 13. März 1785 in Uelzen gest. 11. Juli 1785 in Uelzen	geb. 11. Sept. 1786 in Uelzen gest. 12. März 1832 in Kopenhagen	geb. 25. Juni 1789 in Uelzen	geb. 20. Jan. 1793 in Uelzen gest. 24. Jan. 1862 in Leipzig.

Abb. 2: Kuhlaus Eltern und seine Geschwister

---

1) Brief an G. C. Härtel vom 12.1.1802.

2. Hamburg
1803 - 1810
Variations et Caprices op. 10 (bis)

Hamburg hat sich Kuhlau wohl noch ähnlich gezeigt, wie es Charles Burney (1726 - 1814) 1772 auf seiner musikalischen Reise erlebt hat: "Die Gassen sind schlecht gebauet, schlecht gepflastert und eng, aber voller Menschen, die ihren eigenen Geschäften nachzugehen scheinen. Aus den Mienen und Betragen der Einwohner dieses Orts leuchtet eine Zufriedenheit, Geschäftigkeit, Wohlhabenheit und Freiheit hervor, die man in andern Orten Deutschlands nicht häufig zu sehen bekömmt."[1] Obwohl die 13 000-Einwohner-Stadt ein Zentrum des internationalen Güterverkehrs und des Bankwesens war, zeigte sich das einstmals blühende Musikleben in diesen Jahren rückläufig. Schon Burney bemerkte: "Die Stadt Hamburg ist lange wegen ihrer Opern berühmt gewesen. ..."[2] Der kulturelle Zenit dieser Stadt war überschritten, das neue Zentrum der europäischen Kunst wurde Wien. Die Zeit eines Georg Philipp Telemann (1681 - 1767) und seines Patenkindes Carl Philipp Emanuel Bach (1714 - 1788), der hier von 1767 bis zu seinem Tod die Position eines Musikdirektors innehatte und Hamburg zu einem Zentrum der sogenannten Vorklassik gemacht hatte, waren endgültig vorbei. Sein Nachfolger Christian Friedrich Gottlieb Schwencke (1767 - 1822) war zwar ein hervorragender Pianist und Theoretiker, vermochte es aber nicht, das Musikleben der Stadt aus dem erstarrten Zeitalter "der Empfindung" herauszuführen.

---

1) Ch. Burney: Tagebuch einer musikalischen Reise, S. 438.
2) Ebenda.

Abb. 3: Christian Friedrich Gottlieb Schwencke,
Kuhlaus Lehrer in Hamburg

Schwencke war Akkompagnist C. Ph. E. Bachs, Schüler von Johann Philipp Kirnberger (1721 - 1783) und hatte in Halle zusätzlich Mathematik und Philosophie studiert, bevor er am 1. Oktober 1789, erst 22jährig, sein Amt als Musikdirektor der Stadt Hamburg antrat. Er wurde als strenger Lehrer geachtet und als bissiger Kritiker gefürchtet. Kuhlau, der am Anfang mit den Lebensverhältnissen in der einstigen Kunstmetropole nicht zurecht kam, versuchte, sein Geld durch Klavierstunden zu verdienen, da Konzertengagements in Hamburg praktisch nur mit dem Wohlwollen Schwenckes zu bekommen waren. Über seine Situation als Künstler schrieb er an seinen Bruder: "... bedachte ich mit meinem einzigen Freunde

Lichtenfeld[1] ... unsre jetzige Lage als Künstler in Hamburg, wie erbärmlich uns da diese vorkam, kannst du dir nicht denken. - Wir ekelten bald für uns selbst, wenn wir bedachten, dass wir in Hamburg nie, Nie!! zu etwas Bedeutendem emporkommen könnten. ... Ich bleibe, wenn meine Verhältnisse sich nicht ändern wollten, immer und ewig ein armseliger Klavierlehrer, steige nie eine Stufe höher (wie ich denn doch gern wollte). ... Also wir haben uns beide mit dem ewigen Einerlei in dem sogenannten, lieben, gesegneten Hamburg, den Magen verdorben, und eine gänzliche Verstopfung im Mastdarm der Vergänglichkeit ist leider vorauszusehen. - Nun wollen wir beide Hamburg den Hintern, ich wollte sagen, den Rücken zukehren, wollen einmal sehen, wie die weite Welt aussieht. ..."[2]

Kuhlau und Lichtenfeld kamen bis Bremen, wo sie zwar ein gemeinsames Konzert gaben, die Gage aber schon am Ort aufbrauchten, und so den Heimweg nach Hamburg zu Fuß zurücklegen mußten.

Erst als Kuhlau Schüler von Schwencke wurde, verbesserte sich seine Situation. Die Beziehungen, die der berühmte Musikdirektor hatte, und der Ruf, zu den wenigen Schülern dieses Mannes zu gehören, waren ausschlaggebend, um an Konzertengagements als Pianist und an Musikverleger als Komponist zu kommen. In den ersten Unterrichtsstunden hatte Kuhlau, der ja aus der musikalischen Provinz kam, große Schwierigkeiten, sich an die harte Urteilskraft Schwenckes zu gewöhnen. Zu allen eingereich-

---

1) Sänger am Hamburger Opernhaus.
2) Brief an Andreas Kuhlau um 1803.

ten Arbeiten lautete das Urteil immer "taugt nichts!"[1] Den Groll seines Lehrers zog Kuhlau zusätzlich auf sich, als er dabei erwischt wurde, heimlich eine Tabakspfeife angerührt zu haben, die als Heiligtum Schwenckes galt. Der als still und im Umgang mit Damen als scheu beschriebene Kuhlau hatte sich durch die ihn neckenden Mädchen im Hause seines Lehrers dazu verleiten lassen. Erst nach vielen weiteren Unterrichtsstunden sollte sich das Urteil Schwenckes ändern. Kuhlau hatte ihm Manuskripte zum Durchsehen gegeben und wartete auf das obligatorische Urteil "taugt nichts", als Schwencke plötzlich sagte: "Herr Kuhlau, stopf' Er sich nur eine Pfeife!"[2] Diese Anekdote hat Kuhlau sich bis an sein Lebensende bewahrt und in Gesellschaft immer wieder erzählt. Ob seine übermäßige Vorliebe für das Pfeifenrauchen aus diesem Erlebnis herrührt, läßt sich nicht mehr feststellen.

Zwischen 1804 und 1810 trat Kuhlau dann regelmäßig als Pianist und Komponist in Hamburg auf, wie die erhaltenen Comödienzettel (Konzertankündigungen) beweisen. Zwei dieser Konzerte sind noch zu belegen, die er zusammen mit Flötenvirtuosen seiner Zeit bestritt. Am 15. März 1806 konzertierte er in Hamburg zusammen mit der Flötistin Frederica Brincks[3], am 2. Januar 1808 mit dem Flötisten Cestenoble[4]. Auf dem Programm standen neben einer verschollenen Sinfonie Kuhlaus die ebenso verlorengegangenen "Variationen für das Pianoforte und die Flöte".

---

1) C. Thrane: Friedrich Kuhlau, S. 12.
2) Ebenda.
3) Siehe Abb. 4. Laut G. Busk ist Dem. Bünck die Flötenvirtuosin Frederica Brincks (G. Busk: Friedrich Kuhlau, S. 26).
4) Siehe Abb. 5.

Comödienzettel
vom 1. April 1805 bis 31. März 1806.
1. Vocal- und Instrumentalconcert der Flötenvirtuosin Dem. Bünck am 15. März 1806
4. Concert für das Fortepiano, componiert und gespielt von Herrn Kuhlau.

Comödienzettel
vom 1. April 1807 bis 31. März 1808.
Beim Benefice-Vocal- und Instrumental-Concert
von Herrn Ritzenfeldt,
heut Sonnabend den 2ten Januar 1808, gespielt

Erster Theil:
1. Sinphonie von Kuhlau.
5. Variationen für das Pianoforte und die Flöte, componiert von Herrn Kuhlau, executiert von den Herren Kuhlau und Cestenoble.

Abb. 4 und 5: Comödienzettel der Stadt Hamburg

In dieser Zeit erschienen auch Kuhlaus erste Kompositionen bei verschiedenen kleinen Musikverlegern im Druck. Im Juni 1806 kündigte Rudolphus in Altona und Hardieck in Hamburg ein "Rondo und Walzer für 2 Flöten" an, das aber zusammen mit einer frühen "Sonate für Klavier mit Flöte" nicht mehr aufzufinden ist.[1]

Die ersten überlieferten und gedruckten Originalwerke für Flöte sind die "Variations et Solos pour le Flute seule Composés par F. Kuhlau op: 10".

---

1) G. Busk: Friedrich Kuhlau, S. 27.

Diese zwölf Solostücke erfreuten sich damals so großer Beliebtheit, daß bei dem Hamburger Musikverleger August Heinrich Cranz (1789 - 1870) bald eine Neuauflage erschien, die in der "Allgemeinen musikalischen Zeitung" vom Juni 1823 als "neue Auflagen von Jugend-Arbeiten des Komponisten" angezeigt wurde.[1] Auf diesem Druck, der mit den Druckplatten der Erstausgabe, allerdings in neuer Reihenfolge und mit dem Titel "Variations et Caprices", entstand, basiert die heute wieder zugängliche Neuausgabe[2], die noch viel zu wenig Beachtung findet. Alle zwölf Stücke, deren Aufführungsdauer jeweils nicht über fünf Minuten liegt, sind, was den Schwierigkeitsgrad angeht, weit weniger anspruchsvoll als die späteren Flötenwerke Kuhlaus. Sie eignen sich deshalb hervorragend als Einstiegslektüre in die Welt dieser romatischen Flötenmusik. Der Tonumfang von d' - g''', die verwendeten Tonarten bis zu drei Vorzeichen (je einmal erscheint A-Dur und c-moll) und die Einbeziehung von damals berühmten Arien und Volksweisen in sieben dieser Stücke, erklären schnell ihre damalige Beliebtheit. Bis auf das Duettino zwischen "Röschen" und "Felsenherz" "Nel cor più nun mi sente (Mich fliehen alle Freuden)" aus dem zweiten Akt von Giovanni Paisiellos (1740 - 1816) Oper "La Molinara (Die Müllerin)", das auch Theobald Boehm[3], Johann Baptist Vanhal[4] und Friedrich Silcher[5] als Thema für

---

1) Peter Reidemeister: Vorwort zur Neuausgabe der Variations et Caprices op. 10 (bis).
2) Amadeus Verlag 1981.
3) Variationen für Flöte und Klavier op. 4.
4) Variationen für Flöte und Gitarre op. 42.
5) Variationen für Flöte und Klavier.

Flötenvariationen benutzten, sind die anderen Melodien heute vergessen.

Notenbeispiel 1: Paisiellos Duettino
und Kuhlaus Übertragung für
Flöte

Zu ermitteln waren noch die Themen der Nummern vier und acht: Nr. 4 "Es kann schon nicht alles so bleiben" ist eine Melodie von F. H. Himmel mit dem Text von A. v. Kotzebue[1]:

>   Es kann ja nicht immer so bleiben
>   Hier unter dem wechselnden Mond;
>   Es blüht eine Zeit und verwelket,
>   Was mit uns die Erde bewohnt ...

Nr. 8 "Was ist der Mensch" ist ein Gitarrenlied von J. L. Evers aus dem Jahre 1795 mit folgendem Text[2]:

>   Was ist der Mensch? Halb Tier, halb Engel,
>   Klein, elend, dürftig - herrlich groß.
>   Was ist sein Schicksal? Tausend Mängel
>   Und tausend Güter sind sein Los ...

In Kuhlaus Hamburger Zeit entstanden neben diesen zwölf Flötenstücken op. 10 (bis), die nicht mit den "3 Duos concertants" gleicher Opuszahl zu verwechseln sind, einige Klavierstücke, Lieder und als bedeutendstes Werk das "Konzert für Klavier mit Orchester C-Dur op. 7". Dieses Konzert schrieb Kuhlau unter dem Eindruck des 1. Klavierkonzerts op. 15 von Ludwig van Beethoven (1770 - 1827) in gleicher Tonart. Kuhlau hat die kontrastreiche Orchestrierung zwischen Bläsern und Streichern und die Bläserfanfaren zu Beginn des ersten Satzes von Beethovens Konzert übernommen, dessen Werke er in seinem Unterricht bei Schwencke, der Beethoven besonders schätzte, kennengelernt hatte. Im öffentlichen Konzertleben der Stadt Hamburg erklangen die Werke Beethovens dagegen selten, da er als Avantgardist (!) galt. Hier wurden vor allen Dingen Wolfgang Amadeus Mozart, Luigi Cherubini und Joseph Haydn gespielt, dessen Oratorium "Die Schöpfung" schon 1801 nach Hamburg kam.[3]

---

1) Peter Reidemeister: Vorwort zur Neuausgabe der Variations et Caprices op. 10 (bis).
2) Ebenda.
3) MGG Bd. 5, S. 1400.

Zur Uraufführung von Kuhlaus Klavierkonzert op. 7 kam es in Hamburg nicht mehr: Ende 1810 flüchtete Kuhlau Hals über Kopf aus der Stadt Richtung Kopenhagen. Es war genau das geschehen, was Beethoven schon 1804 befürchtet hatte, als er nach Napoleons Kaiserkrönung die Widmung seiner Eroica "geschrieben auf Bonaparte" wieder ausstrich. Napoleons Aggressions- und Kriegspolitik hatte fast ganz Mitteleuropa zur französischen Besatzungszone gemacht, zuletzt auch Norddeutschland, das sich weigerte, das sogenannte Mailänder Dekret zur Verschärfung der Kontinentalsperre gegen England anzuerkennen, da es eine Wirtschaftskrise durch das Ausbleiben von Kolonialwaren befürchtete. Die Besetzung von Hamburg durch Marschall Mortier führte zu einer Massenarbeitslosigkeit und weiterem kulturellen Verfall der Stadt. Überall wurden neue Soldaten angeworben, die sich zuerst freiwillig melden sollten. Im November 1810 forderte der "Hamburgische Correspondent" unter der Überschrift "Einberufung von Conscribirten" auf "alle junge Leute, die in den Jahren von 1785 bis 1789 gebohren sind binnen 4 Wochen sich in die Conscriptionslisten schreiben zu lassen."[1] Wenig später hieß es im "Hamburger Anzeiger": "kommst du nicht, riskierst du, das deinige insgesammt zu verlieren, und wirst zum Zuerstmarschieren commandiert."[2]

Aufgrund dieser ernstzunehmenden Drohungen fürchtete auch Kuhlau, trotz seiner eingeschränkten Sehfähigkeit vielleicht als Militärmusiker (Flötist!) eingezogen zu werden. Die nächste Möglichkeit sich in Sicherheit zu bringen, bot das Nachbarland Dänemark, das als Verbündeter Frankreichs

---

1) Hamburgischer Correspondent vom 17. und 28.11.1810.
2) C. Thrane: Friedrich Kuhlau, S. 15.

in den Koalitionskriegen zweimal von England angegriffen worden war - Beschießung Kopenhagens 1807 - und deshalb von Frankreich geschont wurde. Ein weiterer Grund, nach Dänemark zu fliehen, bestand für Kuhlau darin, daß der seit 1808 regierende König Friedrich VI. von Dänemark als Kunstfreund galt. Vielleicht hatte Kuhlau auch das Bild seines Onkels Johann Daniel Kuhlau (1744 - 1810) vor Augen, der nach Aalborg in Dänemark ausgewandert war, und dort als Organist ein geregeltes Einkommen bezog. Geld für den Lebensunterhalt zu verdienen, sollte für Kuhlau dann auch das größte Problem in der neuen Heimat werden, die er, einige Kunstreisen ausgenommen, bis zu seinem Tode nicht mehr verließ.

3. Kopenhagen
   1810 - 1821
   Duos op. 10/Trios op. 13

In der noch von der Beschießung der Engländer zerstörten Altstadt Kopenhagens versuchte dann im Dezember 1810 ein gewisser deutscher Musiker unter dem Namen Kasper Meier, Unterschlupf zu finden.

Hier, in der Stadt mit dem wichtigsten skandinavischen Handelshafen, hatte die Musik im 18. Jahrhundert einen starken Aufschwung erlebt, der mit der Errichtung von "Det kongelige Teater" im Jahre 1748 (siehe Abb. 9) einen ersten Höhepunkt erreicht hatte. Drei aus Deutschland eingewanderte Musikpersönlichkeiten führten diesen Aufschwung fort: Johann Ernst Hartmann (1726 - 1793), der durch seine Vertonung der Singspiele von Johannes Ewald "Balders Död" (1778) und "Fiskerne" (1780) das allgemeine Interesse an Theaterstoffen aus der nordischen Götter- und Geisterwelt weckte; Johann Abraham Peter Schulz (1747 - 1800), der als Kapellmeister das Kopenhagener Orchester entschieden beeinflußte; und Friedrich Ludwig Ämilius Kunzen (1761 - 1817), der als Komponist durch seine Oper "Holger Danske" (1789) nach Wielands Oberon und als Kapellmeister durch die Aufführung zahlreicher Mozart-Opern (auch "Cosi fan tutte" und "Don Giovanni") die Qualität des Musikbetriebes weiter steigerte. Förderung der Kultur

Unterstützt wurden die musikalischen Aktivitäten Kopenhagens durch König Friedrich VI. von Dänemark (1768 - 1839), der 1808 nach dem Tode seines geisteskranken Vaters Christian VII. den Thron bestiegen hatte. Unter seiner aufgeklärten Regentschaft kam auch die dänische Literatur zu neuer Blüte. Jens Immanuel Baggesen (1764 - 1826) und Johan Ludvig Heiberg (1791 - 1860) sind hier zu nennen, die beide in einer literarischen Fehde mit dem deutschstämmigen, wichtigsten Vertreter der dänischen Romantik Adam Gottlob Oehlenschläger (1779 - 1850) standen. Alle drei schrieben später Libretti zu Kuhlauschen Werken.

Im selben Haus, in dem Oehlenschläger um 1810 wohnte[1], kam schließlich in einer kleinen Mansardenwohnung "Kasper Meier" unter, der sich schon nach wenigen Wochen in Kopenhagen vor einem französischen Übergriff sicher fühlte, und unter seinem Geburtsnamen Friedrich Kuhlau am 23. Januar 1811 in einem Konzert im königlichen Theater den Solopart in der Uraufführung seines Klavierkonzerts op. 7 spielte. Über dieses erste öffentliche Auftreten Kuhlaus in Kopenhagen, das ihm durch die Theaterdirektion gestattet wurde, gibt es einen Augenzeugenbericht, der zu den wenigen zeitgenössischen Schilderungen von Kuhlau als ausführendem Künstler zählt: "Am 23. Januar 1811 gab er (Kuhlau) ein Konzert auf dem königlichen Theater in Kopenhagen. Man wußte kaum etwas von dem fremden Künstler, der sich hören lassen sollte. Seinen Namen kannte man, es hieß, daß er auf der Flucht von seiner Heimat nach Kopenhagen gekommen sei; aber sein Kommen wurde dadurch nicht verherrlicht, daß er schon in Europa bekannt gewesen sei. Der Vorhang hob sich, und es erschien ein schlanker junger Mann, dessen knochige Gestalt etwas eckig in den schwarzen Kleidern erschien; er hatte starkes krauses Haar und ein langes rotwangiges Gesicht, das durch das Fehlen eines Auges verunziert wurde, aber im übrigen machte er den Eindruck großer Offenheit, zu dem doch wieder ein fast kindliches linkisches Wesen in

---

1) C. Thrane: Friedrich Kuhlau S. 15.

seinen Bewegungen kontrastierte; eine gewisse Harmonie in seinem äußeren Auftreten vermißte man. Dann setzte er sich ans Klavier, Kapellmeister Kunzen hob den Taktstock, und das Musikstück, ein Klavierkonzert in C-dur begann. Da verschwand das Gepräge von Unbeholfenheit, das bis dahin auf ihm gelastet hatte; als Meister bewies er sich, als die Töne unter seinen Händen und Fingern, die mit erstaunlicher Fertigkeit über die Tasten glitten, entstanden, und als er endlich nach dem letzten Allegro sich vom Klavier erhob, wurde das erste Auftreten Friedrich Kuhlaus vom dänischen Publikum mit Beifall gefeiert."[1]

Obwohl das Konzert einen großen Erfolg hatte und Kapellmeister Kunzen sich positiv in einem Gutachten über Kuhlau äußerte, blieb eine Bewerbung Kuhlaus vom 27. Februar 1811 um die Klavierlehrerstelle am Theater erfolglos. Ein Pianist mit Namen Johann Christian Förster (17? - nach 1830) wurde ihm vorgezogen. Weitere Konzerte, auch bei Hof (am 14. Dezember 1811 im Vorgemach der Königin) folgten, die durch die Fürsprache von Oberhofmarschall Adam Wilhelm Hauch (1755 - 1838) zustande kamen. Am 20. Februar 1812 wurde Kuhlau dann durch königliche Resolution zum Kammermusikus ernannt, allerdings solange ohne Gage, bis eine geeignete Position mit Gage frei würde.[2] Trotzdem entschloß er sich, in Kopenhagen zu bleiben, vielleicht auch deshalb, weil ihm im Künstlerkreis der Stadt freundliche Aufnahme gewährt wurde.

---

1) G. St. Bricka: Vorwort zu "William Shakespeare".
2) K. Graupner: Friedrich Kuhlau, S. 27.

Oft war Kuhlau auf dem Landsitz "Sophienholm" zu Gast, auf dem sein Besitzer, der Kaufmann Constantin Brun (1746 - 1836) mit seiner klavierspielenden Frau Friederike (1765 - 1835) und deren Tochter Adelaide (1792 - 1857) regelmäßig sogenannte Clubkonzerte veranstaltete. Vielleicht durch seinen Hausgenossen Oehlenschläger eingeführt, lernte Kuhlau hier zwei weitere hier ansässige Musiker kennen, zu denen er später recht unterschiedlich stehen sollte. Ein lebenslanger Freund wurde ihm Christoph Ernst Friedrich Weyse (1774 - 1842), der sich hier einen Namen als Komponist von geistlichen Kantaten und als Pianist gemacht hatte: "(Weyse) er ist der grösste Clavierspieler den ich je gehört habe, wer das Vergnügen gehabt hat ihn phantasieren zu hören, der wird finden dass ich hier nicht zu viel sage."[1] Ihm widmete Kuhlau auch sein Klavierkonzert op. 7. Als einen großen Kritiker seiner Musik mußte Kuhlau Claus Nielsen Schall (1757 - 1835) fürchten lernen, der hier als Komponist und von 1817 an als Kapellmeister der "kongelige kapel" wirkte und in seiner Stellung als Theaterdirigent für viele Aufführungen von Kuhlauschen Opern verantwortlich wurde. Die Abneigungen beruhten auf Gegenseitigkeit. "Er kann nicht acht Tacte nach einander richtig setzen"[2], äußerte Kuhlau einmal über Schalls Musik.

Seinen Lebensunterhalt bestritt Kuhlau in dieser Zeit von Gagen, die er für seine Konzerte erhielt, und von Einnahmen aus den Verkäufen seiner Komposi-

---

1) Brief an G. C. Härtel vom 8.12.1811.
2) A. Oehlenschläger: Erinnerungen IV, S. 40.

tionen an den Musikverleger Härtel, der seit 1810 - auf Schwenckes Empfehlung hin - einige Werke Kuhlaus verlegt hatte.

"Mögten Sie auch wohl Flötenduetts von mir verlegen?"[1] Auf diese Anfrage hin schrieb Kuhlau die "3 Duos concertants für 2 Flöten op. 10", G. D. de Lorichs gewidmet, die mit folgender Post vom 4. März 1813 an Härtel gingen: "Hochzuverehrender Herr! Hiemit bin ich so frei Ihnen wieder 4 Werke zu übersenden: deutsche Lieder, Flötenduetts - wovon ich Ihnen schon früher schrieb - Canzonetten und eine Sonate; ..."[2] Im gleichen Brief findet sich auch eine Anmerkung über den Schwierigkeitsgrad der Duos: "Die Flötenduetts gehören gerade nicht zu den leichtern, aber praktikabel sind sie, ...", die auch für die heutige Zeit noch Geltung hat. Die drei Flötenduos op. 10 bestechen besonders durch ihre kunstgewandte Kompositionstechnik, die sich in der thematischen Entwicklung, in dem chromatischen Harmoniestil und der kontrapunktischen Verarbeitung zeigt. Im ersten Satz "Allegro con espressione" des dreisätzigen Duos op. 10 Nr. 1 entwickelt Kuhlau aus einem schlichten zweitaktigen Motiv das erste Thema, das mit einer chromatischen Melodielinie der 2. Flöte begleitet wird.

Notenbeispiel 2: Duo op.10 Nr. 1, 1. Satz, 1. Thema

---

1) Brief an G. C. Härtel vom 21.11.1812.
2) Brief an G. C. Härtel vom 4.3.1813.

Dieses Anfangsmotiv wird auch zur Modulation benutzt:

Notenbeispiel 3: Modulationsteil

Es bildet ebenfalls mit einer Richtungsänderung das Material zur Coda:

Notenbeispiel 4: Coda

Den Schlußsatz des zweisätzigen Duos op. 10 Nr. 3 krönt Kuhlau mit einem Fugato, das er kunstgerecht mit den begrenzten Möglichkeiten der beiden Flöten durchführt:

Notenbeispiel 5: Duo op. 10 Nr. 3, 2. Satz, Fugato

Als Bezahlung für diese Duos erhielt Kuhlau übrigens kein Bargeld, das er so dringend nötig hatte, sondern Musikalien aus der Verlagshandlung.

Erst für seine nächsten Kompositionen mit Flöte, die "3 großen Trios concertants für 3 Flöten op. 13", erhielt er, zusammen mit seinen Klaviervariationen op. 12 und op. 15, zehn Louisdor, und diese erst nach zwei Mahnungen. Kuhlau hatte diese Werke am 20. Juli 1814 an Härtel geschickt[1] und am 12. November 1814 angefragt, ob sie überhaupt angekommen seien: "Hochgeehrtester Herr! Auf meinen Brief, den ich Ihnen vor drei oder vier Monate nebst drei Manuscribte - Trios für drei Flöten, und 2 Themata mit Variationen für Fortepiano - übersandte, habe

---

1) Brief an G. C. Härtel vom 20.7.1814.

ich bis jetzt noch keine Antwort erhalten. ..."[1] Als er wieder keine Antwort erhielt, mahnte er noch einmal, diesmal in einem für Kuhlau höchst unfreundlichen Ton: "... Sollten Sie aber nicht geneigt sein, mir für diese drei Werke in baares Honorar von 10 Louisdor nebst einigen Freiexemplaren zu bewilligen, so muss ich Sie bitten, mir mit erster Post meine Manuskripte zurück zu schicken. ..."[2] Diese Mahnung verfehlte ihr Ziel nicht, und die Trios op. 13 erschienen dann doch bei Härtel im Jahre 1815. Eine ursprüngliche Widmung wurde auf Kuhlaus Wunsch im Erstdruck nicht übernommen: "... bitte ich Sie, auf den Titel der Flötentrios befindliche Dedication, auszustreichen. ..."[3] Das anspruchsvollste Werk aus den "3 großen Trios concertants op. 13" ist das dreisätzige Trio op. 13 Nr. 1, dem zusätzlich eine langsame d-moll "Adagio"-Einleitung vorangestellt ist. Im Abstand einer Oktave, zusätzlich im rhythmischen Unisono stellen die drei Flöten ein das Tongeschlecht noch unbestimmendes Motiv vor, dessen Auftaktfigur Kuhlau auch zu beiden Hauptthemen des folgenden D-Dur "Allegros" benutzt, und damit einen direkten thematischen Zusammenhang schafft.

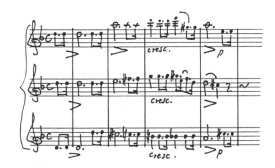

Notenbeispiel 6: Beginn der Adagio-Einleitung

---

1) Brief an G. C. Härtel vom 12.11.1814.
2) Brief an G. C. Härtel vom 12.8.1815.
3) Brief an G. C. Härtel vom 12.11.1814.

Notenbeispiel 7: Allegro, 1. Thema

Notenbeispiel 8: Allegro, 2. Thema

Im Trio op.13 Nr. 3 findet sich als Schlußsatz ein F-Dur "Minuetto" mit der Tempobezeichnung "Allegro assai". Dieser in schnellen, ganzen Takten zu musizierende Satz ist das erste Produkt einer ganzen Reihe von Scherzos, die Kuhlau in seine Kammermusik mit Flöte eingearbeitet hat. Der kontrastierende Trio-Mittelteil dieses in A-B-A Form mit Coda gearbeiteten Minuettos steht in der Molltonika und ist thematisch mit dem Beginn des Minuettos verwandt. Die dritte Flöte spielt das um eine Oktave tiefer gesetzte Anfangsmotiv über höher gesetzten Liegetönen der beiden anderen Flöten.

Notenbeispiel 9: Beginn des Minuettos

Notenbeispiel 10: Beginn des Trios

Trotz dieser ersten Erfolge, seine Kompositionen an Härtel zu verkaufen, blieb Kuhlaus wirtschaftliche Situation kritisch. Er hatte sich mittlerweile dazu enschlossen, in Dänemark zu bleiben, und erhielt am 3. März 1813 durch Naturalisationspatent das dänische Heimatrecht. Schon kurz darauf folgten auch seine Eltern mit seiner jüngsten Schwester Christina Magdalena (1793 - 1862) aus Hamburg, weil sie die wirtschaftliche Not unter der Besatzung des französischen Armeecorps nicht mehr ertragen konnten. Sie kamen um 1814 nach Kopenhagen und vergrößerten die Not Kuhlaus nur noch mehr, da er jetzt nicht nur für sich selbst, sondern für eine vierköpfige Familie sorgen mußte.

In diese Zeit fällt Kuhlaus erster Erfolg als Opernkomponist. Am 26. Mai 1814 fand im königlichen Theater die Uraufführung seiner ersten erhaltenen Oper "Røverborgen (Die Räuberburg)" unter großem Beifall statt. Der Vorreiter auf dem Gebiet der romantischen Oper erlebte allein in Kopenhagen bis 1879 91 Aufführungen. Neuinszenierungen wurden auch in Hamburg, Kassel, Leipzig und Riga gegeben. Das Libretto stammt von seinem Freund Oehlenschläger, der eine Troubadourgeschichte im Stil der französischen Rettungsoper mit Naturbegeisterung, ritterlichem Glanz und Freiheitsgefühl vermischt hatte, was dem Geschmack der damaligen Zeit entsprach. Die Komposition Kuhlaus ist innerhalb von vier Monaten auf dem Herrenhaus von Baron Carl Løvenskiold (1783 - 1831) entstanden, einem Kunstgönner, der die Musik Kuhlaus besonders schätzte. Dessen Frau Frederikke Elisabeth Conradine (1787 - 1874) widmete Kuhlau später aus Dankbarkeit die Flötensonate op. 64.

Abb. 6: Adam Oehlenschläger, Kuhlaus Freund und Librettist

Um weitere Einnahmen zu erzielen, unternahm Kuhlau 1815 und 1816 zwei Konzertreisen. Die erste führte ihn mit dem Hornisten Johann Christoph Schuncke (1791 - ?)[1] nach Stockholm, wo er am 13. und 29. April 1815 zwei Konzerte mit eigenen Werken gab. Die Kritik bezeichnete ihn als "geistreichen und gründlichen Künstler".[2] Die zweite Reise führte in in das nach Napoleons Waterloo wieder befreite Hamburg, wo es am 6. März und am 13. April 1816 zu zwei Konzerten mit Werken von Mozart, Spohr und eigenen Werken kam. Dazwischen lag am 22. März die Premiere seiner Oper "Die Räuberburg", die er selbst leitete.

Nach seiner Rückkehr nach Kopenhagen wurde am Theater endlich eine Stelle frei. Kuhlau wurde dort am 1. Juni 1816 Gesangslehrer mit einer jährlichen Gage von 500 Rigsdaler[3]. Diese Position behielt er aber nur bis zum 26. Juli 1817. Er hatte selbst um die Entlassung gebeten, da ihn die "Unterrichterei" zu sehr vom Komponieren ablenkte: "... Von jeher ist es mein Bestreiben gewesen mich so viel als möglich vom Unterrichtgeben loszumachen, um meine Zeit ungestört ans Componiren verwenden zu können, weil ich frühe einsah, wie hinderlich ersteres dem letzteren wird. Ganz besonders schwer wird mir jedoch der Unterricht im Singen, nicht nur in dieser Rücksicht, sondern auch hauptsächlich deshalb, weil ich nur zu deutlich merke, dass meine Gesundheit darunter leidet, indem meine schwache

---

1) MGG Band 12, S. 326.
2) K. Graupner: Friedrich Kuhlau, S. 29.
3) Det kongelige Theater, Coplbog 1815/17 Nr. 141.

Brust eine so heftige Anstrengung, als das beständige Vorsingen bey Anfängern erfordert, nicht zu ertragen vermag. ..."[1] Für die Beibehaltung seiner Gage wollte er sich verpflichten, für das königliche Theater jährlich eine Oper zu schreiben. Diesem Antrag wurde nicht stattgegeben. Erst als 1818 Kammermusikus Junck gestorben war, bekam Kuhlau mit königlicher Resolution vom 25. April 1818 dessen Stelle mit einem Jahresgehalt von allerdings nur 300 Rigsdaler.

Inzwischen hatte ihm auch die Uraufführung seines Singspiels "Trylleharpen (Die Zauberharfe)" am 30. Januar 1817 keinen finanziellen Erfolg gebracht. Da das Stück nach der zweiten Aufführung abgesetzt wurde, kam er in solch große finanzielle Schwierigkeiten, daß er um ein Darlehen von 1200 Rigsdaler bitten mußte, das ihm schließlich von der Theaterdirektion bewilligt wurde. Zurückgezahlt hat er diese Summe nie. Daß die Oper "Trylleharpen" so schnell vom Spielplan verschwand, hatte nichts mit ihrer Qualität zu tun, sondern mit der Entstehungsgeschichte des Librettos von Baggesen. "... Baggesen hat sich hier durch seine Federkriege erstaunt viele Feinde gemacht, daher konnte es nicht fehlen, dass bei der Aufführung dieser Oper - wäre das Süjet auch noch so vortrefflich - einige Unruhen entstanden. ..."[2] Als bekannt wurde, daß diese Oper mit der Musik von Kuhlau auf die Bühne kommen sollte, meldeten gleich zwei Personen ihren Protest an. Kapellmeister Kunzen behauptete, er selbst

---

1) Brief an die hohe Direction des Königlichen Theaters vom 4.6.1817.
2) Brief an F. L. Schmidt vom 22.2.1817.

habe das Stück fast vollständig komponiert, da ihm Baggesen das Libretto schon 1789 zugesichert habe. Da Kuhlau jetzt auch um seine Musik fürchtete, wandte er sich gegen Kunzen und veröffentlichte zwei Kanons, die diesen bloßstellen sollten: Im ersten mokierte er die übergroße Nase Kunzens

"O du Nase aller Nasen!
Nein, so groß ist meine nicht!"[1]

Im zweiten zielte er auf Kunzens Ablehnung gegen den chromatischen Harmoniestil von Cherubini, den er selbst sehr schätzte, und benutzte zusätzlich eine Melodie Kunzens.

"Ach Musik von Cherubini
Ist doch gar zu sehr chromatisch!
- dafür lob ich mir Hinzen's und
Kunzen's Gesänge;
die sind ja wie Wasser so klar."[2]

Der Streit wurde erst zwei Tage vor der Uraufführung der Oper durch den tragischen Tod Kunzens beendet. Nach einem Streitgespräch mit Baggesen starb Kunzen an einem Schlaganfall.
Die andere Person, die sich gegen eine Aufführung stellte, war Peter Hjord, der behauptete, Baggesen habe ihm diese Geschichte gestohlen und nur ins Dänische übersetzt. Konnte die Uraufführung von "Trylleharpen" zum Geburtstag des Königs ruhig über die Bühne gehen, so verschworen sich in der zweiten Vorstellung die Anhänger von Kunzen und Hjord und verteilten im Paterre Gratisexemplare des angeblichen Originaltextes. Auf Zwischenrufe wie "Es lebe Baggesen"[3] folgte "Es lebe der rechte

---

1) C. Thrane: Friedrich Kuhlau, S. 24.
2) C. Thrane: Friedrich Kuhlau, S. 25.
3) C. Thrane: Friedrich Kuhlau, S. 28.

Verfasser"[1], "Für Kuhlau"[2] usw. Nach einer halben Stunde Tumult mußte der Stadtkommandant für Ruhe sorgen. Als Folge dieser Auseinandersetzungen wurde "Trylleharpen" vom Spielplan abgesetzt. Den anschließenden Prozeß um die Texturheberschaft gewann dann zwar Baggesen, Einfluß auf eine erneute Aufführung von "Trylleharpen" hatte dieses Urteil allerdings nicht mehr. Die handgeschriebene Partitur liegt auch heute noch in der königlichen Bibliothek zu Kopenhagen.

Abb. 7: Jens Baggesen, Librettist von Trylleharpen

Auch das erste Werk, das Kuhlau für seine Jahresgage von 300 Rigsdaler als Kammermusikus schreiben mußte, brachte ihm weder Erfolg noch weitere Einkünfte. "Elisa eller Venskab og Kjaerlighed (Elisa oder Freundschaft und Liebe)" nach einem

---

1) C. Thrane: Friedrich Kuhlau, S. 28.
2) Ebenda.

Libretto des Seminarlehrers Caspar Johannes Boye (1791 - 1853), brachte es nach seiner Uraufführung am 17. April 1820 nur auf drei weitere Vorstellungen. Das Libretto dieses lyrischen Dramas, im Kreuzrittermilieu angesiedelt, ist "ein undramatisches Stück, von einem unkundigen Theaterdebutanten verfasst."[1]

Ist auch "Elisa" nach diesen Aufführungen in der Versenkung verschwunden, so sind es drei kleine Werke, im Laufe des Jahres 1820 entstanden, die Kuhlau wie seine Flötenkompositionen bis heute unsterblich gemacht haben. Die "3 Sonatinen für Klavier op. 20" sind nach ihrem Erstdruck bei Härtel (1820) immer wieder neu aufgelegt worden,[2] und fehlen, auch einzeln, in keiner Sonatinensammlung. Der 3. Satz der Sonatine op. 20 Nr. 1 "Rondo, Allegro" gehört auch im heutigen Klavierunterricht zu den ersten klassischen Stücken, die von einem fortgeschrittenen Anfänger beherrscht werden können.

Notenbeispiel 11: Beginn des Rondos

Später hat Kuhlau noch drei weitere Zyklen mit leichten Klaviersonatinen[3] geschrieben, die ihm in

---

1) G. Busk: Friedrich Kuhlau, S. 415.
2) Neuauflage: Edition Peters, Nr. 715 a und 715 b.
3) Op. 46, op. 55, op. 88.

Pianistenkreisen auch den Spitznamen des "Sonatinen-Kuhlau" eingebracht haben. Die Vorurteile, die durch die Rückschlüsse von den Klaviersonatinen auf seine übrigen Werke für und mit Klavier entstanden sind, sind wohl auch daran schuld, daß sich viele Pianisten weigern, die großen Sonaten und Variationswerke für Klavier und Flöte aufzuführen.

Mit diesen Klaviersonatinen und einigen anderen Kompositionen, die Kuhlau an Härtel verkaufen konnte, versuchte er sein geringes Jahresgehalt aufzubessern, um sich, seinen Eltern und seiner Schwester den Lebensunterhalt zu sichern. Daß Kuhlau in dieser für ihn schlechten Zeit keine Flötenwerke geschrieben hat, die Härtel sicher gerne verlegt hätte, spricht gegen die Annahme Thranes, die Flötenwerke Kuhlaus seien nur um des Verdienens willen entstanden. "Kuhlau mußte für die Flöte componieren, mochte er nun wollen oder nicht; ..."[1]
Flötenkompositionen hat Kuhlau erst wieder nach seiner ersten großen Kunstreise geschrieben, von der er ganz neue Eindrücke und Anregungen mit nach Hause nehmen sollte.

---

1) C. Thrane: Friedrich Kuhlau, S. 50.

4. Erste Wienreise
   1821
   Fantasien op. 38

Durch königliche Resolution vom 20. Februar 1821 wurde Kuhlaus Gesuch bewilligt, unter Beibehaltung seiner Gage eine zweijährige Kunstreise zu unternehmen. Nach jenen zwei kleineren Konzertreisen, 1813 nach Schweden und 1816 nach Hamburg, war dies die erste große Reise Kuhlaus, die ihn zwischen März und Dezember 1821 nach Leipzig, Wien und vielleicht auch nach München geführt hat.

In Leipzig machte er persönliche Bekanntschaft mit seinem langjährigen Verleger Härtel, der ihn freundlich aufnahm. "Ew. Wohlgebohrn danke ich noch einmal recht sehr für die vielen mir in Leipzig erwiesenen Artigkeiten. Die Stunden welche ich das Vergnügen hatte in Ihrer Gesellschaft zuzubringen, waren nicht allein sehr angenehm, sondern auch in vieler Hinsicht sehr lehrreich für mich. ..."[1]
In Leipzig lernte Kuhlau auch den Musikverleger Carl Friedrich Peters (1779 - 1827) kennen, der zwar 1815 den Druck der Klaviersonate op. posth. 127 abgelehnt hatte, jetzt aber neue Kompositionen von Kuhlau verlegen wollte. Er bestellte bei ihm Fantasien für Flöte ohne Begleitung, die Kuhlau während seines anschließenden viermonatigen Wienaufenthalts komponierte. "Hiermit bin ich so frey Ew. Wohlgebohrn zu benachrichtigen dass ich die 3 Fantasien für eine Flöte, ohne Begleitung, welche Sie von mir zu haben wünschten, bald fertig habe. Sie sind ganz so in dem Styl geschrieben wie Sie es

---

1) Brief an G. C. Härtel vom 27.7.1821.

wünschten: leicht, gefällig und doch effectvoll. Das Werkchen wird ohngefähr 16 bis 20 Pagina[1] stark. ..."[2]

Die "3 Fantasien für 1 Flöte op. 38" gehören zu den bedeutendsten Solowerken der romantischen Flötenmusik, sind aber alles andere als "leicht" auszuführen, wenn Kuhlau hier "leicht" im Sinne von spieltechnisch meint. Die finger- aber auch gerade die tontechnischen Anforderungen dieser Fantasien machen sie für Laienspieler heute unspielbar. Zusätzlich verlangen die beiden dreisätzigen Fantasien op. 38 Nr. 1 und op. 38 Nr. 3 ein gehöriges Quantum an Blaskondition, da ihre einzelnen Sätze - ganz im Sinne einer Fantasie - "attacca" gedacht und auch so zu spielen sind. Ein wichtiger Hinweis für die Interpretation dieser Werke - und überhaupt aller Flötenwerke Kuhlaus - ergibt sich, wenn man "leicht" im Sinne von "leichtgewichtig" versteht, oder wie es Hans-Peter Schmitz einmal andersherum gesagt hat: "Nichts darf zu schwer genommen werden."[3] Wenn man dies beachtet, entsteht zum Beispiel in den Anfangstakten der Fantasie op. 38 Nr. 1 eine langgezogene, schwebende Melodielinie, die den Charakter des romantischen Zeitgeistes genau wiedergibt.

Notenbeispiel 12: Beginn der Fantasie op. 38 Nr. 1

---

1) Pagina = Seiten.
2) Brief an C. F. Peters vom 27.7.1821.
3) H.-P. Schmitz: Flötenlehre Band 2, S. 101.

Diese Takte zeigen aber auch, daß Flexibilität im Ton und eine saubere, perlende Fingertechnik Grundvoraussetzung sind, um diese Fantasien befriedigend interpretieren zu können. Eine zusätzliche Bereicherung, aber auch Herausforderung für den Flötenspieler ergibt sich durch das Einbeziehen der Klangfarbe. Dieses Ausdrucksmittel, das in der Romantik viele Komponisten dazu veranlaßt hat, für die Klarinette und nicht für die Flöte zu schreiben (da die Klarinette auf den Instrumenten der damaligen Zeit die weit größeren Modulationsfähigkeiten besaß), läßt sich mit den heutigen Querflöteninstrumenten hervorragend auf die Solofantasien übertragen. Eine "Hell-Dunkel-Messa di voce"[1] auf lang ausgehaltenen Tönen zum Beispiel am Ende des zweiten Satzes der Fantasie op. 38 Nr. 1,

Notenbeispiel 13

oder das Gegenüberstellen von Hell und Dunkel bei thematischen Wiederholungen zum Beispiel am Ende des ersten Satzes der Fantasie op. 38 Nr. 1

Notenbeispiel 14

geben diesen Werken eine zusätzliche Ausdruckskraft, die den in dieser Musik versteckten Zauber der vergangenen Zeit wieder in Erinnerung bringt.

---

1) Der langsame Wechsel von der hellen auf die dunkle Klangfarbe und zurück.

Den Abschlußsatz der Fantasien op. 38 bilden je ein Variationszyklus. Während Kuhlau in der Fantasie op. 38 Nr. 2 die Canzonetta "Silenzio che sento" des italienischen Komponisten Francesco Bianchi (ca. 1752 - 1810) als Thema diente[1], benutzte er für die Fantasien op. 38 Nr. 1 und Nr. 3 je ein Thema aus Mozarts "Don Giovanni": In der Fantasie op. 38 Nr. 1 die Arie der Zerlina "Batti, batti, o bel Masetto (Schmäle, schmäle, lieber Junge)" aus dem ersten Akt und in der Fantasie op. 38 Nr. 3 die berühmte Canzonetta des "Don Giovanni" mit obligater Mandoline "Deh vieni alla finestra (Horch' meiner Liebesklage)" aus dem zweiten Akt.

Für die Interpretation ist es wichtig, die Arien genau zu kennen, so daß Tempo, Charakter und Phrasierung von der Singstimme übernommen werden können. Die Atemzeichen sind nur dort zu setzen, wo es die Satzzeichen des da Ponte-Librettos zulassen. So wird man dem Charakter dieser Werke gerecht und ihren Sinn, beliebte Opernarien auf der Flöte "nachzusingen", nicht verfehlen.

Notenbeispiel 15: Die Anfangstakte der Zerlinen-
                   Arie und die Anfangstakte der
                   Übertragung Kuhlaus mit den
                   möglichen Atemzeichen

---

1) Frans Vesters Behauptung im Vorwort zur Neuausgabe der Fantasien op. 38 (Universal-Edition), dieses Thema sei ebenfalls aus Don Giovanni, ist falsch und wird in obenstehender Aussage berichtigt.

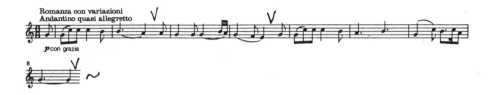

Notenbeispiel 16: Die Anfangstakte der Don-Giovanni-Canzonetta und die Anfangstakte der Übertragung Kuhlaus mit den möglichen Atemzeichen.

Diese Arbeitsweise empfahl auch Theobald Boehm (1794 - 1881) in seiner Schrift "Die Flöte und das Flötenspiel". Im Kapitel "Der Vortrag" schreibt er: "Er (der Flötenspieler) muss auf seinem Instrumente singen lernen; denn nur im Gesang wird man durch die Worte des Textes sicher auf die richtige Vortragsweise hingeleitet, weil erst mit dem Worte ein deutlicher Begriff der durch die Töne erregten Empfindungen verbunden ist. So wie der Componist durch die Worte der Dichtung befähigt wurde, seine Gefühle in Tönen auszudrücken und seine Melodien nach den Gesetzen des Rythmus und der Declamation zu bilden, so kann auch der denkende Instrumentalist aus dem Texte einer Arie oder eines Liedes die richtige Vortragsweise ersehen."[1]

Neben seiner kompositorischen Tätigkeit nutzte Kuhlau seinen fast viermonatigen Wienaufenthalt, vor allem um musikalische Eindrücke zu sammeln. Dazu hatte er hier genügend Gelegenheit. Wien war zu dieser Zeit, nur sechs Jahre nach dem Wiener-Kongreß, zu dem "Europa den Glanz seiner Throne und Höfe, das Machtansehen seiner Staaten, die Spitze seiner politischen und militärischen Verherrlichung, die höchste Bildung seiner Gesellschaft, ja die reichsten Blüten aller Vornehmheit, Schönheit, der Kunst und des Geschmacks hierher geliefert hatte"[2], zur kulturellen Hauptstadt zumindest Europas emporgestiegen. Die Anzahl der Theater-, Opern- und Konzertaufführungen war enorm gewachsen. Besonders häufig wurden Opern des italienischen Belcanto-Meisters Gioacchino Rossini (1792 - 1868) gegeben, der die Opernbesucher mit seinen Melodien in einen wahren Rossini-Rausch versetzte.

Diesem Rausch fühlte sich auch Kuhlau ausgesetzt, der einen Erlebnisbericht seiner Wiener Zeit in einem Brief festgehalten hat: "Wien ist so heiter und freundlich wie seine Bewohner. Ein jeder scheint hier nur zu leben um zu geniessen, und sich des Genusses zu erfreuen. Natur und Kunst bieten hier denn auch so viele mannigfaltige Genüsse dar, dass man wirklich oft um die Wahl verlegen ist. Ausser so vielen anderen öffentlichen Vergnügungs-Orten, giebt es hier auch 5 Theater, worin jeden Abend gespielt wird. Die 2 k.k. Hoftheater, nähmlich das Burg- und Kärnthnerthortheater,

---

1) Th. Boehm: Die Flöte und das Flötenspiel, S. 21.
2) E. Friedell: Kulturgeschichte der Neuzeit
   Band 2, S. 957.

sind die vorzüglichsten, und die mehrsten ihrer Mitglieder berühmte Künstler, einige auch bekannte Schauspieldichter, wie Ziegler, Lembert, Madam Weissenthurn. Das Schauspiel ist hier überhaupt ganz vortrefflich, ich besuche es mehr wie die Oper, denn, leider treibt auch hier Rossini's unsauberer Geist seyn böses Wesen. Madam Grünbaum ist hier die erste Sängerin, und überhaupt die grösste Sängerin welche ich jemahls hörte. Schade, dass ich sie in keinen anderen als in Rossini's Opern hörte, worin ein solches Lärmen und Toben herrscht, vorzüglich in der hier so beliebten diebischen Elster, worin nicht allein unaufhörlich Trompeten schmettern und Pauken donnern, sondern auch noch grosse und kleine Trommeln, Becken, Triangel etcr. einen so betäuben, dass man mit Jenem (der eben eine solche Oper verliess als ihm auf der Strasse der Zapfenstreich begegnete) ausrufen mögte: Gott Lob! dass ich endlich einmal wieder sanfte Musik höre. - Während meines Hierseyns wurde nur ein einziges Mahl eine Mozart'sche Oper gegeben, nämlich die Zauberflöte. Das Haus war leer, und es wurde nur dann applaudirt wenn irgend ein Sänger oder eine Sängerin Mozarts edle Melodien mit Rossinischen Schnörkeleien verunstaltete. Hieraus erhellet nun wohl, dass hier jetzt in der Musik eben nicht der beste Geschmack herscht. ..."[1] An diesem Brief verwundert Kuhlaus Kritik an der Musik Rossinis und dessen Instrumentation, die sich Kuhlau jetzt sehr schnell selbst zu eigen machte. Der häufige Gebrauch von Beckenschlägen und

---

1) Brief an J. Trier vom 22.9.1821.

Triangeltremoli in seinen nächsten Bühnenwerken lassen das Vorbild schnell erkennen. Auch das virtuose Element nimmt in seinen folgenden Kompositionen einen größeren Stellenwert ein. Daß die Musik Rossinis auch auf Kuhlaus Instrumentalwerke einen außerordentlichen Einfluß ausgeübt hat, werden seine folgenden Werke für Flöte zeigen.

Die Rückreise von Wien führte Kuhlau wieder über Leipzig, wo er seinen Bruder Andreas besuchte, der hier Besitzer einer Tabakfabrik geworden war. Wahrscheinlich wohnte Kuhlau auch der Aufführung seiner "Trylleharpen"-Ouvertüre im Gewandhaus-Konzert am 1. November 1821[1] bei. Im Dezember kehrte er dann mit vielen neuen Eindrücken nach Kopenhagen zurück.

---

1) G. Busk: Friedrich Kuhlau, S. 47.

5. Kopenhagen
1822 - 1823
Duos op. 39/Quintette op. 51

Unmittelbar nach seiner ersten großen Kunstreise, zur Jahreswende 1821/22, schrieb Kuhlau wieder etwas für die Flöte: Die "3 großen Duos für 2 Flöten op. 39", die er an seinen Verleger Härtel verkaufte. Diese Duos können den Einfluß der Musik Rossinis nicht verleugnen, da in ihnen das virtuose Element weit mehr in den Vordergrund rückt als in den Duos op. 10. So tritt zu Beginn des ersten Satzes "Allegro assai con molto fuoco" im Duo op. 39 Nr. 1 an die Stelle einer kontrakpunktisch geführten Begleitstimme ein homophoner Triolenteppich aus gebrochenen Dreiklängen, der sich von einer Begleitstimme in einer Rossini-Oper nicht unterscheidet.

Notenbeispiel 17: Beginn des Duos op. 39 Nr. 1

Auch auskomponierte Verzierungen, die Kuhlau in Wien noch mit "Rossinischen Schnörkeleien" abgetan hatte, benutze er jetzt selbst. Ein Beispiel hierfür sind die "Wechselnotenschrauben" ebenfalls aus dem ersten Satz des Duos op. 39 Nr. 1.

Notenbeispiel 18: Duo op. 39 Nr. 1, 2. Flöte
Takt 33 - 35

In den langsamen Sätzen werden die langgezogenen Melodielinien mit Verzierungen in der Art des italienischen Belcanto-Stils ausgeschmückt.

Notenbeispiel 19: Duo op. 39 Nr. 1, 2. Satz
Adagio ma non troppo
Takt 26 und 27

Bei all diesen virtuosen Einlagen muß festgestellt werden, daß sie der Flöte immer auf den Leib geschrieben sind und bei dementsprechender Ausführung dem geübten Flötisten Freude beim Spiel und dem Virtuoses liebenden Zuhörer Freude am Spiel bereiten. Die zunehmende Beliebtheit der Kuhlauschen Flötenmusik ist auch auf diese Virtuosität zurückzuführen, die im letzten Jahrhundert zur Zeit der herumreisenden Virtuosen zu einem wichtigen Bestandteil der aufgeführten Werke wurde. Aber trotz dieser Virtuosität bleibt die kontrapunktische und polyphone Arbeit, der sogenannte gelehrsame Stil, in Kuhlaus Duos erhalten. Im Duo op. 39 Nr. 3, das viersätzig angelegt ist, findet sich an dritter Stelle ein Scherzo, in dem die strengste aller kontrapunktischen Formen, der Kanon, Verwendung findet. Der mit "Allegro assai" überschriebene, in ganzen Takten zu denkende Satz besteht aus einem hämmernden g-moll Staccato-Teil, einem dazu in Gegensatz tretenden cantablen G-Dur Trio Mittelteil, der üblichen da capo-Wiederholung des ersten Teils und einer Coda, in der die Hauptmotive beider Teile, jetzt gemeinschaftlich in g-moll, noch einmal aphorismenhaft anklingen. Um den Kontrast der beiden unterschiedlichen Teile noch zu verstärken, sind sie mit der Spielanweisung "con fuoco"[1] bzw. "dolce"[2] bezeichnet. Den ganzen Satz hindurch spielen beide Spieler im Abstand einer Oktave dasselbe, nur um zwei Takte versetzt. Beginnt am Anfang die erste Flöte in der höheren dritten Oktave, pausiert sie im Übergang zum Trio vier Takte lang, um hier der zweiten Flöte in der weicher klingenden ersten Oktave den Vortritt zu lassen. Vor der da capo-Wiederholung spielt die zweite Flöte dann zwei eingeschobene Takte, deren Auftakttriole die erste Flöte übernimmt und damit das wahrhaft scherzhafte Stück wieder von vorn beginnt. Die Coda endet schließlich mit einem drei Takte langen g'' der ersten Flöte, während die zweite Flöte ihre beiden überhängenden Takte spielt

---

1) con fuoco = mit Feuer.
2) dolce = weich.

und auf einem g' im versöhnlichen Oktavabstand zur ersten Flöte endet.

Notenbeispiel 20: Duo op. 39 Nr. 3, 3. Satz
Kanon für zwei Flöten

Dieser Kanon gehört zu einer ganzen Reihe von Stücken dieser Art, mit denen sich Kuhlau zu Lebzeiten einen Namen gemacht hat. Einige dieser kleinen Werke in der Spielart des Rätselkanons wurden in der "Allgemeinen musikalischen Zeitung" veröffentlicht. Es wurde dort nur eine Stimme abgedruckt und der Leser mußte die Einsätze der übrigen Stimmen enträtseln. Das "Knacken" dieser Rätselkanons war zu einer Art Mode geworden, vor allem weil Tonsetzer hier modische Sprüche durch musikalischen Biß ins rechte Licht rückten. Mozarts Kanon zu vier Stimmen KV 580 "Oh, du eselhafter Peierl", in dem er sich über den Münchner Tenoristen Peierl lustig machte[1], gehörte hier ebenso in diese Reihe wie die Kanons, die Kuhlau über Kunzen geschrieben hatte. Während Beethoven später Kuhlau mit "Ach, der große Kanonier!"[2] begrüßen sollte, war Mozarts Sohn, Franz Xaver Mozart (1791 - 1844), dieser Art von Kuhlaus musikalischer Belustigung eher abgeneigt: "Er (Kuhlau) ist ein grosser Freund musikalischer Künsteleien, die gewiß, wenn sie nichts als das sind, den Werth dieser edlen Kunst verfehlen. So beschäftigt er sich sehr mit allen möglichen Arten von Rätsel-Canons, deren er eine Menge komponiert, und auch ganz neue Arten erfunden hat."[3]

Kuhlau widmete seine Duos op. 39 dem in Münster geborenen Flötisten Anton Bernhard Fürstenau (1792 - 1852), der seit 1820 die ehrenvolle Position eines königlich sächsischen Kammermusikus in der königlichen Kapelle zu Dresden innehatte. Kuhlau

---

1) B. Paumgartner: Mozart S. 329.
2) C. Thrane: Friedrich Kuhlau, S.24.
3) F. X. Mozart: Tagebucheintragung vom 3.9.1819 nach einem Besuch bei Kuhlau.

hat ihn wahrscheinlich auf der Durchreise nach Wien kennengelernt. Fürstenau hat dann Kuhlau noch zweimal, 1823 und zur Jahreswende 1829/30, in Kopenhagen besucht, was die freundschaftliche Beziehung zwischen beiden Musikern bestätigt. Heute ist diese Beziehung von besonderem Interesse, weil Fürstenau in seiner "Flötenschule op. 42" von 1826 und seinem Hauptwerk "Die Kunst des Flötenspiels op. 138" von 1846 wichtige Hinweise für die Aufführungspraxis der romantischen Flötenmusik - also auch der Musik Kuhlaus - gibt. In diesem Zusammenhang darf auch die Schrift von Hans-Peter Schmitz "Fürstenau heute" nicht unerwähnt bleiben, in der Schmitz beide Fürstenau-Schulen zusammenfaßt und die wichtigsten Aussagen in die heute übliche Ausdrucksweise überträgt. Viele dieser Aussagen über Tempi, Atmung und Artikulation lassen sich auch auf die Flötenwerke Kuhlaus übertragen und helfen so dem heutigen Interpreten, der romantischen Ausdruckskraft dieser Kompositionen näher zu kommen.

Abb. 8: Anton Bernhard Fürstenau, Kuhlaus Freund und Widmungsträger der Duos op. 39

Die Duos op. 39 sind die letzten Werke, die bei Kuhlaus langjährigem Verleger Härtel erschienen sind. Zweimal mußte Kuhlau das Honorar anmahnen. Zuerst am 18. Juni 1822: "... Auch würden Sie mich sehr verbinden wenn Sie mir zugleich das Honorar für diese 3 Werke, wie auch für die 3 Flötenduetts, überschicken wollten. ..."[1] Und dann noch einmal am 28. September 1822: "... Nun muss ich aber Ew. Wohlgeborn um Entschuldigung bitten, dass ich meine Bitte um baldige Uebersendung des Honorars für meine schon lange herausgekommenen 3 Flötenduetts ... wiederhohle. ..."[2] Mit der Bezahlung war Kuhlau dann so unzufrieden, daß er seine schon eingesschickten neuen Manuskripte zurückforderte und nie mehr mit Härtel in Kontakt trat. "Ew. Wohlgebohren letzte Zuschrift - mit der, doch gar zu geringen Bezahlung für meine 3 Duetten - habe erhalten, und habe nichts darauf zu erwiedern, als dass ich Sie bitte: mir meine 3 Manuscripte Op. 43, 44 und 45 directe mit nächster fahrenden Post wieder zuzuschicken."[3]

Das Opus 45 dieser zurückgeforderten Werke ist das "Concertino für 2 Waldhörner mit Orchester", welches Kuhlau für die Künstlerfamilie Schuncke geschrieben hatte. Mit den fünf Söhnen von Johann Gottfried d. Ä. (1742 - 1807), allesamt hervorragende Hornisten, war Kuhlau befreundet. Über die Entstehung dieses fünfsätzigen Concertinos - im Mozartschen Divertimentocharakter -, das mit dem Doppelkonzert von Reinhold Gliere (1875 - 1956)

---

1) Brief an G. C. Härtel, vom 18.6.1822.
2) Brief an G. C. Härtel, vom 22.9.1822.
3) Brief an G. C. Härtel, vom 15.10.1822.

in gleicher Besetzung und dem Konzertstück für vier Hörner und Orchester von Robert Schumann (1810 - 1856) zu den seltenen Werken gehört, in denen das Waldhorn in mehrfacher Besetzung solistisch eingesetzt wird, gibt es eine Erzählung, die sich im Hause von Kuhlaus Nachbarn und Freund, dem Dichter Frederik Høegh-Guldberg (1771 - 1852) zugetragen haben soll: "Eines Abends fand eine eigenthümliche Improvisation statt. Kuhlau hatte mehrere Brüder Schuncke, die sämmtlich bedeutende und berühmte Waldhornisten waren, mit sich gebracht, und da kam ein Musikstück improvisirt zur Aufführung, in welchem das Klavier und die Waldhörner concertirten, indem das Klavier das Thema angab; dieses wurde darauf abgelöst durch eine Fantasie, in welcher bald das Klavier, bald die Waldhörner die Hauptstimme hatten; der ganze Weg vor dem Hause war erfüllt von einem begeisterten, aber zugleich während der Musik vollkommen schweigend sich verhaltenden Publikum."[1]

Unter den Gästen dieser regelmäßigen Freitagabendtreffen waren auch die Gebrüder Leopold und Anton Keyper. Anton Paul Wilhelm Nicolai Keyper (1796 - 1861) - wie sein Bruder Leutnant der Artillerie - was als Pianist Kuhlaus Schüler. Ihm haben die Flötisten die Bearbeitungen der "Trois Grandes Sonates op. 51 für Flöte und Klavier" zu verdanken, die er 1828 von der Kuhlauschen Originalfassung aus dem Jahre 1822 vornahm. Daß heute die Fassung für Flöte und Klavier beliebter ist, liegt an der Besetzung der Originalfassung: "3 Quintette für

---

1) C. Thrane: Friedrich Kuhlau, S. 62.

Flöte, Violine, 2 Bratschen und Violoncello op. 51". Diese Besetzung, die auf den ersten Blick wie eine klassische Streichquintettbesetzung mit Flöte statt erster Violine anmutet, entpuppt sich schnell als eine Instrumentierung im konzertanten Stil, zwischen Flöte und Streichquartett. Wie die Klarinettenquintette von Mozart und Carl Maria von Weber (1786 - 1826) sind diese Flötenquintette eher Konzerte für Blasinstrument und Streichorchester "en miniature", nur das Kuhlau die Bratsche anstelle der Violine doppelt besetzt. Dadurch entsteht eine Ausgewogenheit zwischen Oberstimmen (Flöte, Violine) und Mittelstimmen (zwei Bratschen), die den Stücken einen besonders warmen Klangcharakter verleiht. Alle drei Quintette op. 51 sind viersätzig und haben eine Aufführungsdauer von jeweils mehr als 20 Minuten. Die technischen und konditionellen Anforderungen an alle Instrumentalisten sind sehr hoch. Gewidmet sind sie dem dänischen Flötisten Peter Christian Bruun (1784 - 1852), den Kuhlau gerne zu Rate zog, wenn er neue Flötenkompositionen geschrieben hatte.[1] Bruun mußte dann als ausübender Flötist die Flötenstimme auf technische Ausführbarkeit und Notierung überprüfen, bevor sie Kuhlau den Verlegern zum Druck schickte. Die Quintette op. 51 erschienen 1823 im Musikverlag von Nicolaus Simrock (1751 - 1832) und wurden im April 1824 in der "Allgemeinen musikalischen Zeitung" angezeigt.[2] Nach dem Klavierquartett op. 50 sind diese Quintette op. 51 die erste Übernahme einer langen Reihe von Kuhlauschen Werken durch Simrock, mit dem Kuhlau später, wiederum wegen der zu gerin-

---

1) C. Thrane: Friedrich Kuhlau, S. 49.
2) Robert M. Cammarota: Booklet zur CD-Einspielung der 3 Quintette op. 51.

gen Bezahlung, Schwierigkeiten hatte. "... N. Simrock muss ein wunderlicher alter Mann seyn; immer findet er meinen Preis zu theuer, und klagt, dass er keinen Absatz von meinen Compositionen hat, u. hat doch so viel von mir verlegt. ..."[1]

---

1) Brief an J. H. A. Farrenc vom 6.2.1830

6. Intermezzo
1823/1824
"Lulu oder Die (andere) Zauberflöte"

Nicht nur in seinen Instrumentalwerken, sondern auch in seinen Bühnenwerken wurde Kuhlau nachhaltig von den Eindrücken seiner ersten Wienreise beeinflußt. In seinem nächsten Bühnenwerk "Lulu oder Die Zauberflöte op. 65" verarbeitete er diese Eindrücke, die in der Instrumentierung des Schlagwerks und den Koloraturen der Gesangsstimmen von der Musik Rossinis und in der Ouvertüre, den stimmungsvollen Instrumentaleinleitungen und prächtigen Chorszenen der Musik Webers geprägt sind. Webers Freischütz konnte Kuhlau auch in Kopenhagen studieren, der dort am 26. April 1822 unter dem Titel "Jaegerbruden"[1] Premiere hatte.

Das Libretto zu diesem neuen Opernprojekt schrieb der Dichter Carl Christian Frederik Güntelberg (1791 - 1842) nach der Geschichte "Lulu oder die Zauberflöte" aus der Sammlung "Dschinnistan oder auserlesene Feen- und Geister-Mährchen (Band III 1789)" von Christoph Martin Wieland (1733 - 1813). Es ist dieselbe Textgrundlage, die Emanuel Schikaneder (1751 - 1812) und Mozart für ihre Zauberflöte als ursprüngliche Fassung benutzt haben, solange bis in Wien 1791 derselbe Stoff, unter dem Titel "Der Fagottist oder die Zauberzither" mit der Musik von Wenzel Müller (1767 - 1835) erfolgreich über die Bühne ging. Obwohl der Anfang der Zauberflöte von Mozart schon vertont worden war, mußten sich Mozart und Schikaneder dazu entschließen, die

---

[1] K. Graupner: Friedrich Kuhlau, S. 39.

weiteren Teile zu verändern, um Ähnlichkeiten mit dem erfolgreichen Konkurrenzstück von Müller zu vermeiden. Nur aus diesem Grunde mußte die "Königin der Nacht" von der besorgten Mutter zur machtbesessenen Furie werden, und wandelte sich "Sarastro" vom Höllenwächter zum Verfechter edler Freimaurerriten. Aufgrund dieser Entstehungsgeschichte der Mozartschen Zauberflöte sind die zahlreichen Versuche, diese Zauberflötenhandlung in einen logischen Zusammenhang zu zwingen, als höchst vergnügliche Kuriositäten anzusehen.

Kuhlau kannte sowohl die Müller-Fassung, die er in Braunschweig und Hamburg gesehen hatte, als auch die Mozart-Fassung, deren Aufführung er zuletzt in Wien erleben konnte.[1] Nachdem er am 28. Januar 1823 von Oberhofmarschall Hauch das Libretto Güntelbergs erhalten hatte, bat Kuhlau in mehreren Gesuchen zuerst um eine Gehaltserhöhung, dann um einen Vorschuß von zwei Jahresgehältern: "... Da ich nun aber, trotz allem angestrengten Fleisse, nicht so viel habe ersparen können um wärend der Zeit, in welcher ich diese Oper componire, leben zu können, so wage ich es Ew. Excellenz Gnade noch einmahl in Anspruch zu nehmen, und um einen Vorschuss - von meiner Gage - von 600 Rbthr. Silber unterthänigst zu bitten; denn die Composition würde mir schwerlich gelingen, sollte ich dabey mit bittern Nahrungssorgen kämpfen müssen. ..."[2] Aus solchen Briefstellen erkennt man deutlich die schlechte wirtschaftliche Lage Kuhlaus, der darauf angewiesen war, regelmäßig Kompositionen an Verleger zu ver-

---

1) Brief an J. Trier vom 22.9.1821.
2) Brief an A. V. Hauch vom 5.2.1823.

kaufen, um sein geringes Jahreseinkommen von 300 Rigsdaler aufzubessern. Hauch, der sich immer wieder für Kuhlau eingesetzt hat, und für seine Situation großes Verständnis zeigte, bewirkte, daß Kuhlau zumindest ein Teil des geforderten Vorschusses ausgezahlt wurde.

Obwohl Kuhlau sich sofort an die Komposition seiner "Lulu" machte, wurden aus dem halben Jahr eingeplanter Arbeitszeit eineinhalb Jahre, die nur durch eine zweimonatige Reise nach Hamburg unterbrochen wurde. Dort besuchte Kuhlau seine Schwester Amalie und ihren erkrankten Mann, den Kaufmann Nis Jepsen (ca. 1770 - 1823), der am 25. Juni 1823 dort starb. Die Arbeit an "Lulu" zog sich deshalb so lange hin, weil Kuhlau die Möglichkeit wahrnahm, mit Güntelberg Feinheiten des Librettos zu besprechen und zu ändern. Kuhlau hatte erkannt, daß seinen letzten Opern "Trylleharpen" und "Elisa" der nachhaltige Erfolg auch deshalb verwehrt blieb, weil sich in ihnen Text und Musik nicht zu einem Ganzen verschmolzen. Güntelberg, der sich zuerst für die Vertonung Weyse gewünscht hatte, dem aber das Libretto nicht zusagte, fügte sich schließlich den kritischen Anmerkungen Kuhlaus. Der rege Gedankenaustausch zwischen Beiden wirkte sich positiv auf "Lulu" aus. So entstand eine Zauberoper, die in den lyrischen Arien und den großen Chorszenen als wichtiger Beitrag der romantischen Oper in der ersten Hälfte des 19. Jahrhunderts anzusehen ist.

Die Uraufführung von "Lulu" fand mit großem Erfolg am 29. Oktober 1824 zur Geburtstagsfeier der Königin im königlichen Theater statt. Auch die weiteren Aufführungen erhielten sehr viel Beifall. Das Gerücht "Lulu" sei eine "Rossiniade" und müsse deshalb ausgepfiffen werden, wurde vom Publikum zu Recht nicht bestätigt.

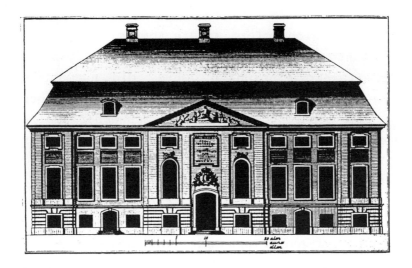

Abb. 9: Das königliche Theater zu Kopenhagen, in dem alle dramatischen Werke Kuhlaus uraufgeführt wurden.

Erst als nach 32 Aufführungen 1838 die erste Darstellerin der "Sidi", Eleonora Zrza, ihre Rolle abgab, verschwand "Lulu" vom Spielplan, da man für die Sängerin keinen entsprechenden Ersatz fand. Auch heute bereitet es Schwierigkeiten, für die höchst anspruchsvolle Partie der Kuhlauschen "Pamina" eine geeignete Darstellerin zu finden. Die dankbare Rolle ist für die seltene Stimmlage einer lyrischen Koloratursopranistin geschrieben, die noch zu Beginn des dritten Akts zwei Arien in Folge mit allen nur erdenklichen technischen Schwierigkeiten zu meistern hat.

Abb. 10: Titelblatt des Originalklavierauszugs von 1825

Über eine Wiederaufführung von "Lulu" würden sich auch die Flötisten freuen, den Kuhlau hat dem Titelhelden "Lulu" - dem Kuhlauschen Tamino - viele klangvolle und virtuose Flötensoli geschrieben, die auch Güntelberg, der selbst Hobbyflötist[1] war, sehr schätzte. Diese Szenen, in denen Kuhlau die Flöte solistisch eingesetzt hat, wurden in der folgenden Inhaltsangabe von "Lulu" besonders berücksichtigt:

Lulu, der im ersten Akt dieser Oper von Sidis Mutter Periferime einen Ring und die magische Flöte geschenkt bekommen hat, macht sich im zweiten Akt auf den Weg um Sidi aus dem Schloß des bösen Zauberers Dilfeng zu befreien. Hier verwandelt Lulu sich mit Hilfe seines Zauberrings in einen alten Mann und gelangt - mit dem Spiel seiner Flöte - in die düstere Felsenhalle von Dilfengs Schloß (Notenbeispiel 21).

---

1) G. Busk: Friedrich Kuhlau, S. 52.

Notenbeispiel 21: "Flötentöne in der Ferne"
Lulus Fantasie in der Verkleidung eines alten Mannes auf dem Weg zu Dilfengs Schloß

Hier trifft Lulu die gefangene Sidi und erweckt in ihr - durch sein zauberhaftes Flötenspiel - Erinnerungen an ihre Kindheit und die Hoffnung auf Rettung (Notenbeispiel 22). Bevor Dilfeng mit seinen Geistern herbeieilt, gibt sich Lulu Sidi zu erkennen und gewinnt ihre Liebe.

Notenbeispiel 22: "Süsser Klang! Süsser Zauberklang, o wie labend strömst du in die Seele!" Lulu findet Sidi in Dilfengs Zauberschloß

In einer Szene aus dem Finale des zweiten Akts, die an die Mohrensklavenszene "Das klinget so herrlich" aus Mozarts "Zauberflöte" erinnert, kann sich Lulu gerade noch vor den Geistern Dilfengs in Sicherheit bringen, die er - durch sein Flötenspiel - verzaubert (Notenbeispiel 23). Sidi muß er vorerst in Dilfengs Schloß zurücklassen.

Notenbeispiel 23: "Alle düstern Wolken weichen,
und es schwinden Zorn und Groll;"
Lulu verzaubert Dilfengs Geister

Im dritten Akt kehrt Lulu in Dilfengs Schloß zurück und befreit Sidi, indem er alle anderen Anwesenden - mit seinem Flötenspiel - einschläfert (Notenbeispiel 24). Nach weiteren zauberhaften Verwicklungen kann Lulu endlich seine geliebte Sidi glücklich in die Arme schließen.

Als ein glückliches Ergeignis nicht zuletzt für die Liebhaber der Flöte muß die Gesamtaufnahme von "Lulu" angesehen werden, die der dänische Rundfunk 1986, zum 200. Geburtstag des Komponisten, unter Leitung von Michael Schønwandt aufgenommen hat. Eine Bühneninszenierung in unserer Zeit steht noch aus.

Notenbeispiel 24: "Habe Dank, liebe Flöte! Alles ist nun Schlummer!" Beginn der Szene, in der Lulu die Anwesenden einschläfert.

7. Kopenhagen
1823 - 1825
Grands Solos op. 57/Variationen op. 63/
Sonate op. 64/Divertissements op. 68/
Sonate op. 69/Sonate op. 71

Die Arbeit an "Lulu" hatte sich auf eineinhalb Jahre hingezogen und Kuhlau so intensiv beschäftigt, daß er in dieser Zeit nur wenige kleinere Kompositionen schreiben und an Verleger verkaufen konnte. So war der Vorschuß, der ihm für die eingeplante Arbeitszeit von einem halben Jahr gewährt worden war, schnell aufgebraucht. Unmittelbar nach der erfolgreichen Uraufführung von "Lulu" wandte sich Kuhlau in mehreren Bittbriefen wieder an Oberhofmarschall Hauch, dessen Worte die verzweifelte Lage Kuhlaus zeigen: "...Verzeihen Ew. Excellenz gütigst, wenn ich auch meine unterthänigste Bitte, um eine Gratification, wiederhole. Meine gegenwärtige Lage ist so drückend, ich bin (da ich, wegen meiner neuen Oper, seit über ein Jahr nichts habe verdienen können) von allem Gelde so sehr entblösst, dass ich in der grössten Verlegenheit gerathen würde wenn Ew. Excellenz nicht die Gnade hätten mir bald zu helfen."[1] Daraufhin wurde ihm eine einmalige Gratifikation von 300 Rigsdaler gewährt.[2] Diese Summe erschien Kuhlau, der 1000 Rigsdaler gefordert hatte, zu gering und er bewarb sich deshalb um eine Anstellung als Theaterkomponist mit einer Verdoppelung seiner bisherigen Jahresgage auf 600 Rigsdaler.[3] Diese Bewerbung wurde von der Theaterdirektion mit einem Gutachten

---
1) Brief an A. V. Hauch vom 5.11.1824.
2) G. Busk: Kuhlau Breve, S.100.
3) Brief an die Theaterdirektion vom 7.12.1824.

über Kuhlau an den König weitergeleitet. In dem Gutachten heißt es unter anderem: "Indessen ist Kuhlau ein geistreicher und talentvoller Opernkomponist, dessen Arbeiten sowohl hier, als im Ausland beliebt sind, und seine letzte Komposition zu Lulu ist vorzüglich anerkannt und mit seltenem Beifall beehrt worden."[1] Trotz dieses Gutachtens wurde Kuhlau in der königlichen Resolution vom 27. September 1825 die gewünschte Anstellung dann doch nicht zugesprochen, ihm aber für weitere Kompositionen Extragratifikationen in Aussicht gestellt: "Wir wollen allergnädigst gestattet haben, anläßlich jeder Musikkomposition zu einem Singstück oder einer Oper, die Kammermusikus Kuhlau künftig liefert, und solange er keine höhere Gage als gegenwärtig genießt, einen besonderen alleruntertänigsten Vorschlag einzureichen, betreffend welche Gratifikation ihm dafür zu vergönnen sei."[2] Obwohl für Kuhlau die Anerkennung seiner Leistung sehr ehrenvoll war, konnte er seine wirtschaftlichen Probleme, die sich ja auch auf die Mitversorgung seiner Eltern, seiner Schwester und seit 1822 auch auf seinen Neffen Georg Friedrich Kuhlau (1810 - 1878) ausgeweitet hatten, so nicht lösen. Letzterer kam in Kuhlaus Haus, als dessen Vater, Kuhlaus Bruder, David Gottfried Martin Kuhlau (1780 - ?), einen Musikerposten in Kalkutta angenommen hatte. Der zwölfjährige Neffe machte Kuhlau viel Freude, da er sich auch der Musik widmete[3] und später Berufsmusiker wurde. Es ist anzunehmen, daß Kuhlau ihn als eine Art Ersatzsohn angesehen hat. Um die

---

1) Kongelige Resolutioner 1824 Nr. 103.
2) Ebenda.
3) Brief an G. C. Härtel vom 4.5.1822.

Versorgung für sich und seine Familienmitglieder zu sichern, schrieb er zwischen 1823 und 1825, nach den drei großen Flötenquintetten op. 51, wieder Kompositionen für Flöte, die sich gut an Verleger verkaufen ließen.

Noch während der Arbeit an "Lulu" entstanden 1823 zuerst die "3 grands Solos für Flöte mit Pianoforte ad libitum op. 57", die bei Kistner erschienen. Der Klavierpart dieser Solos ist - im Gegensatz zur Flötenstimme - recht einfach auszuführen, so daß er auch von weniger geübten Pianisten gut spielbar ist. Für eine Aufführung ist also die heute häufig anzutreffende Kombination, fortgeschrittener Flötist mit Klavieranfänger, durchaus denkbar. Der Klavierpart kann aber auch ganz weggelassen werden. Diese Art von Solostücken mit ad libitum-Begleitung erfreuten sich damals großer Beliebtheit, da auch Aufführungen an Orten ohne Klavier, zum Beispiel in der freien Natur, möglich wurden. Alle drei Solos op. 57 sind dreisätzig mit der Satzfolge schnell - langsam - schnell und von der Form her als Solosonaten zu bezeichnen. Der Finalsatz des Solos op. 57 Nr. 2 "Allegretto" ist ein Variationszyklus erneut über ein Thema von Mozart. Diesmal benutzte Kuhlau des "Menuett" aus dem dritten Akt der Oper "Le nozze di Figaro (Die Hochzeit des Figaro)".

Notenbeispiel 25: Kuhlaus Übertragung in der
Flötenstimme und der
Beginn von Mozarts Original

Als zweites Werk entstand 1824 "Introduction und Variationen über ein Thema aus Euryanthe für Pianoforte und obligate Flöte op. 63", der bekannteste und am häufigsten aufgeführte Variationszyklus Kuhlaus, der zu Recht mit Franz Schuberts (1797 - 1828) etwa zu gleicher Zeit entstandenem Zyklus "Introduction und Variationen über Ihr Blümlein alle op. 160" in einem Atemzug genannt wird. Die im Verlag von Friedrich Hofmeister (1782 - 1864) erschienene Komposition ist das erste Werk Kuhlaus, in dem er Flöte und Klavier als gleichwertige Kammermusikpartner behandelt. In der Introduktion und den sechs Variationen nutzt Kuhlau die klanglichen und technischen Möglichkeiten beider Instrumente so aus, daß das Thema wie durch ein Kaleidoskop betrachtet immer wieder in einem neuen Licht erscheint. Als Thema hierzu wählte Kuhlau die erste Strophe einer Arie aus Webers aktuellster Oper "Euryanthe", die 1823 in Wien uraufgeführt worden war. In der zweistrophigen Tenor-Romanze "Unter blüh'nden Mandelbäumen" aus dem ersten Akt besingt "Graf Adolar" die Schönheit und Treue seiner Braut "Euryanthe".

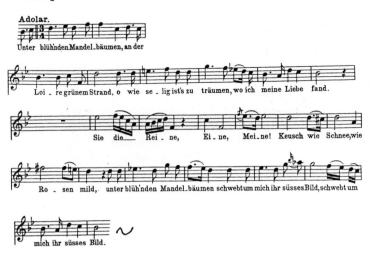

Notenbeispiel 26: Die 1. Strophe der Arie

Bei der instrumentalen Ausführung sollte man die Phrasierung und Textverteilung der Gesangsstimme genau übernehmen, so daß sich folgende Bindebögen und Atemzeichen ergeben:

Notenbeispiel 27: Kuhlaus Übertragung in
der Flötenstimme

Auch Kuhlaus nächstes Opus ist eine Komposition für Flöte und Klavier. Die "Grande Sonate brillante für Pianoforte und Flöte op. 64" ist in dieser Besetzung sein erster Vorstoß auf dem Gebiet der Sonate. Dieses Werk existiert in zwei Fassungen für Flöte und Klavier und für Violine und Klavier, beide Ausgaben im Verlag von August Heinrich Cranz (1789 - 1870) erschienen. Die Flötenfassung ist Frederikke Elisabeth Conradine Kaas (verheiratete Løvenskiold) gewidmet, auf deren Landsitz Kuhlau oft zu Gast war und 1814 seine Oper "Røverborgen" geschrieben hatte. Wahrscheinlich war auch der Sohn der Familie Løvenskiold, der spätere Pianist und Komponist Hermann Severin Løvenskiold (1815 - 1870), den Kuhlau als "Wunderknabe" und "wahrer Hexenmeister"[1] auf dem Klavier bezeichnete, sein Schüler. Die Sonate op. 64 ist trotz der existierenden Violinfassung auch auf der Flöte gut zu spielen, mit Ausnahme einer langen Sechzehntelpassage im ersten Satz "Allegro con energia", die keine Möglichkeit zum Zwischenatmen bietet. Hier dachte Kuhlau wohl eher an die Ausführung mit einer Violine, da er bei seinen Flötenwerken in ähnlichen Passagen immer gerne Achtelnoten einfügte, nach deren kurzer Ausführung zwischengeatmet werden kann. Diese Methode, bei gebrochenen Dreiklängen ein Sechzehntel auf unbetonter Zeit (möglichst das zweite einer Vierergruppe) auszulassen, kann man als Flötist auf die oben genannte Sechzehntelpassage übertragen.

---

[1] Brief an C. A. Krebs vom 30.3.1830.

Notenbeispiel 28: Die Sechzehntelpassage aus dem
1. Satz der Sonate op. 64 mit
möglichen Atemzeichen

Das Herzstück der Sonate op. 64 ist der Mittelsatz, in dem Kuhlau zum erstenmal in einem Flötenwerk ein Volkslied verarbeitet. Das alte dänische Volkslied "Der strander et Skib (Es strandet ein Schiff)" hat er später noch einmal in seiner Schauspielmusik zu "Elverhøj" mit dem Text "Der vanker en ridder" benutzt. In der Flötensonate widmet er dem Lied mit nordischem Charakter eine Introduktion und acht abwechslungsreiche Variationen. Die Introduktion, die das Klavier in nachschlagenden Figurationen alleine ausführt, ist ein Meisterstück für eine, nur wenige Sekunden dauernde, Programmusik, in der Kuhlau den Meeressturm darstellt, der das Schiff zum Stranden bringt. Kaum hat sich das Meer beruhigt, singt die Flöte in ihrer melancholisch, weich klingenden tiefen Lage das schlichte Volkslied. Die Textverteilung gestattet folgende Atemzeichen und Bindebögen, die in der Neuausgabe der Sonate[1] leider falsch notiert sind. Dem Charakter des Liedes entsprechend, empfiehlt es sich, das Tempo in den beiden letzten Takten etwas anzuziehen.

---

1) Billaudot.

Notenbeispiel 29: Introduktion und Thema

Ausklingen läßt Kuhlau den Satz mit dem Volkslied-Thema, jetzt in einem 6/8 Takt übertragen, wobei er die Begleitfiguration des Klaviers von harfenähnlichen Arpeggien bis hin zum Tremolo steigert, wieder das Rauschen des Meeres darstellend.

Notenbeispiel 30: VIII. Variation, Beginn und
Ende des Andantinos

Ebenfalls bei Cranz erschien Kuhlaus nächste Flötenkomposition, die "6 Divertissements für Flöte mit Begleitung des Pianoforte ad lib. op. 68", die Kuhlau 1825 geschrieben hat. Das sechste Divertissement dieser Reihe ist das berühmte in cis-moll, das Hans-Peter Schmitz auch in seine Flötenlehre Band 2 übernommen und mit folgenden Worten beschrieben hat: "Diese kleine Schöpfung romantischer Flötenkunst ... bereitet technisch keine größeren Schwierigkeiten; dafür ist es desto schwerer, den hierin schlummernden, unserer Zeit so fernen Klang zum klingen zu bringen, diesen Klang, in dem ebenso viel Liebenswürdigkeit, Ritterlichkeit, Eleganz, Freude am Spielwerk und Tonschönheit, wie kindliches Sehnen und schmerzlich-schönes

Klagen tönt."[1] Er trifft damit genau den Charakter dieses Kleinods der Flötenliteratur und es ist nur hinzuzufügen, daß es in dieser Reihe noch fünf weitere Divertissements gibt, die ebenfalls darauf warten, wiederentdeckt zu werden. Der Titel "Divertissement"[2] ist so zu erklären, wie es die französischen Verhaltenslehren des 17. Jahrhunderts getan haben, die die Zerstreuung als Heilmittel gegen Krankheiten empfahlen und ihr die Möglichkeit zusprachen, den Menschen in eine illusionäre Welt zu führen.[3] Man möchte meinen, daß Kuhlau dieses Ziel der Zerstreuung vor Augen gehabt hat, als er diese Divertissements op. 68 schrieb. Sie sind bis auf op. 68 Nr. 4, das dreisätzig ist, alle zweisätzig angelegt. Das außergewöhnliche an den Divertissements op. 68 Nr. 2, 3 und 6 ist, daß Kuhlau hier die verschiedenen Sätze ineinander verschränkt und so zu einer besonders geschlossenen musikalischen Aussage kommt. Der Gebrauch der auf der Flöte seltener benutzten Tonarten Es-Dur, H-Dur und cis-moll, sowie die Erweiterung des Tonumfangs bis zum kleinen h (h-Fuß!) beweisen, daß Kuhlau sich in den technischen Möglichkeiten der Flöte sehr gut auskannte, und praktisch die mehrklappige sogenannte Tromlitzflöte voraussetzte. Nur auf ihr waren Tonarten wie Es-Dur und cis-moll sowie der Tonumfang vom kleinen h bis zum b''' einigermaßen sauber auszuführen.[4] Die Klavierbegleitung kann wie schon

---

1) H.-P. Schmitz: Flötenlehre Bd. 2, S. 101.
2) Divertissement = Zerstreuung.
3) H. Schneider: Herders Musiklexikon Bd. 2, S. 327.
4) H.-P. Schmitz: Fürstenau heute, S. 31.

der Part zu op. 57 wahlweise gespielt oder weggelassen werden.

Kuhlau komponierte 1825 noch zwei weitere Werke für Flöte und Klavier: Die "Große Sonate für Pianoforte und Flöte op. 69", im Hamburger Musikverlag von Johann August Böhme 1826 erschienen, und die "Große Sonate für Pianoforte und obligate Flöte op. 71", die bei Simrock in Bonn verlegt wurde. Die Entstehungszeit beider Sonaten läßt sich nicht mehr genau feststellen. Aufgrund von stilistischen Merkmalen ist aber anzunehmen, daß op. 69 vor und op. 71 während oder nach Kuhlaus zweiter Wienreise 1825 entstanden ist. Zudem spricht die Dedikation von op. 71 an Joseph Sellner (1787 - 1843), Professor für Oboe am Konservatorium in Wien und Mitentwickler der zehnklappigen sogenannten Sellner-Oboe[1], den Kuhlau erst bei seinem zweiten Wienaufenthalt kennengelernt hat, für diese Annahme. Ist die hübsche dreisätzige G-Dur Sonate op. 69 mit einem lyrisch-arienhaft langsamen Mittelsatz in der Mediantentonart Es-Dur von biedermeierhaften Zügen geprägt, die die persönliche Enge Kuhlaus in Kopenhagen widerspiegelt, so steckt in der viersätzigen e-moll Sonate op. 71 ein ganz anderer, frischer Geist, der auf die Wiener Anregungen und Erlebnisse zurückzuführen ist. Schon ein Vergleich der Anfänge des ersten Satzes beider Sonaten macht das deutlich: In der Sonate op. 69 beginnt der mit "Allegro con gusto" überschriebene erste Satz mit einem achttaktigen Periodenthema, das schon jetzt einen

---

1) MGG: Bd. 9, S. 1795.

reibungslosen Verlauf der Sonatenhauptsatzform garantiert.

Notenbeispiel 31: Beginn der Sonate op. 69

In der Sonate op. 71 beginnt dagegen der mit "Allegro molto con energia" überschriebene erste Satz, im bei Kuhlau seltenen 6/4 Takt notiert, mit einer zwanzigtaktigen Einleitung, die ganz andere musikalische Entfaltungen ermöglicht.

Notenbeispiel 32: Beginn der Sonate op. 71

Das sich anschließende erste Thema ist dann keine in sich abgeschlossene achttaktige Periode mehr. Es erreicht zwar nach vier Takten noch den Halbschluß H-Dur, moduliert dann aber mit einer weit ausschwingenden Melodielinie bereits zur Dominante der Durparallele D-Dur und führt zu einer Weiterentwicklung des Satzes, ohne ihn einzugrenzen.

Notenbeispiel 33: 1. Thema, Takt 21 - 29

Kuhlaus e-moll Sonate op. 71 gehört mit seinem öfter aufgeführten ebenfalls viersätzigen Schwesterwerk a-moll op. 85 zu den bedeutendsten Kompositionen auf dem Gebiet der romantischen Bläsersonate. In der Besetzung mit Flöte und Klavier schließen diese beiden Werke die Lücke zwischen den viersätzigen Sonaten von Friedrich Schneider (1786 - 1853) op. 33 und op. 35 [1] und der "Undine-Sonate" op. 167 von Carl Reinecke (1824 - 1910)[2].

---

1) Neuausgaben im Bärenreiter-Verlag.
2) Neuausgabe im Musikverlag Robert Forberg.

8. Zweite Wienreise
1825
Duos op. 80/Duos op. 81

Am 15. Juni 1825 wurde Kuhlau eine von ihm beantragte Reise "auf ein halbes Jahr nach Deutschland"[1] bewilligt, und er reiste am 1. Juli mit dem Dampfschiff "Prinzessin Wilhelmine" nach Lübeck. Welche Städte er auf dem Weg nach Wien, wo er nach dem 27. Juli eintraf, besucht hat, läßt sich nicht mehr feststellen. In Wien wollte Kuhlau, wie schon auf seiner Reise vier Jahre zuvor, Theater- und Konzertaufführungen von zeitgenössischen, in Kopenhagen noch nicht aufgeführten Werken besuchen, um sich so besser über den neuesten Stand in der Musikwelt informieren und neue Anregungen für seine eigenen Werke mit nach Hause nehmen zu können. Außerdem liebäugelte er damit, sein großes Vorbild Beethoven persönlich kennenzulernen. Dieser Wunsch sollte in Erfüllung gehen.

Bereits Anfang August wußte Beethoven von Kuhlaus Aufenthalt in Wien, was die Eintragungen seines Neffen Karl in das Konversationsheft seines tauben Onkels beweisen: "Kuhlau ist in Wien. - Dänischer Kapellmeister. - Er hat eine Oper geschrieben: 'Die Räuberburg', welche dort sehr gefallen hat." [2] Am 2. September kam dann das legendäre Treffen zustande, von dem Ignaz Ritter von Seyfried einen genauen

---

1) K. Graupner: Friedrich Kuhlau, S. 44.
2) Beethovens Konversationshefte VIII Heft 92, S. 43 ff.

Bericht hinterlassen hat: "Da der königlich dänische Konzertmeister Kuhlau auf keinen Fall Wien verlassen wollte, ohne Beethovens persönliche Bekanntschaft gemacht zu haben, so veranstaltete Herr Haslinger eine kleine Landparthie nach Baden, woselbst jener seine Sommerresidenz aufgeschlagen hatte, und die Herren Sellner[1] (Professor am vaterländischen Conservatorium), der Hofklaviermacher, Herr Conrad Graf, sowie Beethovens warmer Freund, Herr Holz, waren, dem geschätzten Gaste zu Ehren von der Gesellschaft. Kaum angelangt an Hygieas segenspendender Heilquelle, und von dem so wünschenswerthen Besuch Erwartenden, freundlich, mit einem derben Händedruck bewillkommnet, erscholl, nach kurzer Rast der Ruf: 'Fort, fort! hinaus ins Freie!' - Voraus als Leithammel, der geschäftige Wirth und hintendrein, nicht ohne Anstrengung dem Schnelläufer folgend, das städtische Kleeblatt, welches recht tüchtig abzuhetzen des Commandierenden Hauptpassion war. Da mußten denn alle Lieblingsplätze aufgesucht werden, und zwar keineswegs auf den gebahntesten Wegen. Bald hieß es gemsenartig klettern zu Rauensteins und Rauenecks Ruinen, von deren Zinnen das entzückte Auge, so weit es immer nur zu reichen vermag, gleich einem unbegrenzten Teppich ausgebreitet, das gelobte Land erblickt; bald stürzte der kühne Führer mit starker Faust einen Gefährten erfassend, in des Rennthiers Schnelligkeit einen fast senkrechten Abhang hinab, um sich an der Ängstlichkeit der auf schlüpfrigem Steingerölle Nachklimmenden sattsam zu weiden. Indessen both, nach jeder überstandenen Fährlichkeit, das im herrlichen Helenenthale bestellte

---

[1] Der Widmungsträger von Kuhlaus Flötensonate op. 71.

Mittagsmahl reichliche Entschädigung, und der Zufall, daß unsere ermüdeten Wanderer gerade eben die einzigen Gäste waren, trug wesentlich zur Erhöhung des geselligen Vergnügens bei. Hatte schon hier der perlende Sillery mehr noch als seine Schuldigkeit getan, so vollendet der in Beethovens Wohnung zum Johannissegen reichlich fließende Vöslauer, vom besten Gewächs, das begonnene Werk. Der joviale Hauspatron war in der liebenswürdigsten Laune, von welcher sich auch seine Freunde, ohne die Grenzen der Wohlanständigkeit zu überschreiten, mit fortgerissen fühlten. Kuhlau schrieb aus dem Stegreif einen Canon über den Namen Bach, und Beethoven weihte dem Andenken dieses genußreichen Tages nachstehendes Impromptu, in dem er den heiteren Scherz, sollte sich dennoch der geehrte Kunstgenosse verletzt fühlen, des anderen Tages durch beifolgende Zeilen zu entschuldigen bemüht war.

'Baden, am 3. September 1825
Ich mus gestehen, dass auch mir der Champagner gestern gar sehr zu Kopf gestiegen und ich abermals die Erfahrung machen musste, dass dergleichen meine Wirkungskräfte eher unterdrücken als befördern, denn so leicht ich sonst doch auf der Stelle zu antworten im Stande bin, so weiss ich doch gar nicht mehr, was ich gestern geschrieben habe.
Erinnern Sie sich zuweilen Ihres Ergebensten
  Beethoven m. p.'"[1]

---

1) I. Ritter v. Seyfried: Ludwig van Beethovens Studien im Generalbass, Contrapunkt und Compositionslehre, S. 235.

Bei dem "nachstehenden Impromptu" handelt es sich um den Kanon "Kühl nicht lau, nicht lau kühl" als Wortspiel über Kuhlaus Namen, ebenfalls über die Noten "B A C H".

Notenbeispiel 34: Beethovens Kanon über Kuhlaus Namen

Aus Beethovens Konversationsheften geht hervor, daß an den folgenden Tagen weitere Besuche folgten[1], bei denen Kuhlau auch mit Beethovens Musikverleger Moritz Adolph Schlesinger (1798 - 1871) zusammentraf. Dieser hat sich später mit Beethoven per Konversationsheft über Kuhlau unterhalten: "Kuhlau ist ein Mann von Talent nicht wahr! - ein Ciclop - Das Auge steht der Nase nahe, haben sie nicht bemerkt ... er muss viel viel getrunken haben, denn er kann was vertragen."[2] Diese Bemerkungen Schlesingers geben ein genaues Bild, wie Kuhlau auf seine Mitmenschen gewirkt haben muß.

---

1) Beethovens Konversationshefte VIII Heft 94, S. 89.
2) Ebenda, S. 98.

Der Vergleich mit einem Zyklop kam zustande, da Kuhlau von großer und kräftiger Körperstatur war und eben durch den Jugendunfall nur ein Auge hatte. Nach dem in dieser Zeit zunehmenden Alkoholkonsum Kuhlaus lag der Vergleich mit einem "wankenden, einäugigen Riesen", eben einem Zyklopen, nahe.

Auch über den "Flöten-Kuhlau" sind interessante Bemerkungen diesmal von Beethovens Adlatus, dem Quartettgeiger Karl Holz, erhalten: Kuhlau bekäme von einem Musikverleger "80 # antici-pando"[1] für sechs Flötenduette und "Kuhlau schmiert 6 Flötenduetten i 6 Tagen hin; und 80 #! [2] Wenn sich diese Bemerkung auf Flötenduos bezog, die zu diesen Zeit entstanden sind, können nur die "3 Duos op. 80 für 2 Flöten" und die "3 Duos op. 81 für 2 Flöten" gemeint sein, die aber erst 1827 bei Simrock herauskamen. An diesen nur kurzen Äußerungen von Holz lassen sich interessante Aspekte erkennen: Zuerst sieht man, für wie minderwertig ein seriöser Streichquartettspieler das Instrument Flöte und die Gattung der Flötenduos zu dieser Zeit hielt. Aus diesem Grunde konnte er auch nicht verstehen, warum Musikverleger die Arbeiten Kuhlaus für diese Besetzung, die sich ja gut verkaufen ließen, so gut bezahlten. Weiter läßt sich erkennen, wie schnell Kuhlau die Arbeit von der Hand ging, wenn er wirklich alle sechs Duos op. 80 und op. 81 "i 6 Tagen" geschrieben hat.

---

1) Beethovens Konversationshefte VIII Heft 94, S. 112.
2) Ebenda.

Holz konte nicht wissen, daß Kuhlau auch seine anderen Kompositionen (nicht nur diejenigen mit Flöte!) schnell zu Papier brachte. Seine Schauspielmusik "Elverhøj" entstand zum Beispiel in nur wenigen Wochen. Zurück zu den sechs Duos op. 80 und op. 81: Sie sind alle dreisätzig, wobei die langsamen Mittelsätze teilweise mit wörtlicher da capo-Wiederholung nicht die Gewichtung anderer Kuhlauscher Kompositionen erreichen. Die Betonung liegt auf der Verbreitung von grenzenloser Spiellaune, die Kuhlau von Baden bei Wien auf die Ecksätze dieser Duos übertragen hat. Besonders bemerkenswert aus dieser Reihe ist eine langsame "Adagio"-Einleitung zum C-Dur Duo op. 80 Nr. 2, in der Kuhlau ein Mischwerk zwischen Fugato und Kanon geschaffen hat. Die quintweise Fortschreitung des zweitaktigen Fugato-Themas zu Beginn dieser Einleitung verschleiert zunächst die Zugehörigkeit zu einer bestimmten Tonart, um dann endlich doch zum vorzeichenlosen C-Dur "Allegro von brio"-Satz überzuleiten.

Notenbeispiel 35: Adagio-Einleitung zum Duo op. 80 Nr. 2

Die Tage, die Kuhlau mit Beethoven und dessen Freundeskreis in Baden und Wien verbringen durfte, waren von einer gelösten Atmosphäre gekennzeichnet, die sich zumindestens in Beethovens Leben nie mehr eingestellt hat. Bemerkenswert ist, wie freundlich der trinkfeste Gast aus Dänemark in diesen Kreis aufgenommen wurde. Von Beethoven bekam Kuhlau eine Lithographie mit seinem Bildnis und der eigenhändigen Widmung "meinem Freunde Kuhlau von L. v. Beethoven" geschenkt.

Abb. 11: Die Lithographie, die Beethoven mit eigenhändiger Widmung an Kuhlau verschenkte

Von Schlesinger wurde Kuhlau zu den Gesellschaften im Hotel "Zum wilden Mann" am 9. September und höchstwahrscheinlich auch am 11. September 1825 eingeladen. Schlesinger bestellte einen engen Kreis von Freunden zu üppigem Gelage, weil Beethoven ihm sein neuestes Streichquartett a-moll op. 132 zum Druck überlassen hatte. Dieses Quartett wurde an beiden Abenden durch das Schuppanzigh-Quartett aufgeführt, am 11. September erklang zusätzlich das Klaviertrio op. 97 und als Höhepunkt ließ es sich Beethoven nicht nehmen, selbst am Klavier frei zu phantasieren, wie sich sein Freund Sir George Smart später erinnerte: "... er that es 20 Minuten lang in einer ganz außerordentlichen Weise, zuweilen im vollen Fortissimo, aber voll von Genie; er war in hohem Grade erregt beim Ende seines Spiels."[1] Die Eindrücke, die Kuhlau von diesen Erlebnissen mit nach Hause nehmen konnte, haben ihn noch lange beschäftigt, und es ist nicht unwahrscheinlich, anzunehmen, daß Kuhlaus einziges Streichquartett aus dem Jahre 1831, ebenfalls in a-moll und mit einem ausgedehnten "Adagio con espressione"-Satz, von der Aufführung einer dieser Abende inspiriert wurde. Im Oktober reiste Kuhlau über Leipzig, wo er wieder seinen Bruder Andreas besuchte, nach Lübeck zurück und erreichte wie schon auf dem Hinweg mit dem Dampfschiff "Prinzessin Wilhelmine" am 26. Oktober 1825 Kopenhagen.

---

1) A. W. Thayer: Ludwig van Beethovens Leben, Bd. V, S. 344.

Hier stürzte er sich, von den Reiseeindrücken begeistert, auf seine Arbeit, wie er dies auch schon nach seiner ersten Wienreise 1821 getan hatte. War aus jener Arbeitsphase "Lulu" hervorgegangen, so entstand diesmal die Schauspielmusik zu Boyes "William Shakespeare", die aus einer Ouvertüre, mehreren Elfenchören und Gesängen besteht. Diese Komposition, die deutliche Verwandtschaften zu den Bühnenwerken "Ein Sommernachtstraum" von Felix Mendelssohn-Bartholdy (1809 - 1847) und "Oberon" von Carl Maria von Weber aufweist, hatte am 28. März 1826 Premiere. Aufgrund ihres Erfolges folgten bis 1859 weitere 17 Aufführungen[1]. Die Ouvertüre, der bedeutendste Teil des Werkes, hat sich in den Konzertsälen bis in unser Jahrhundert gehalten.

---

1) G. Busk: Friedrich Kuhlau S. 60.

9. Lyngby
   1826 - 1828
   Sonaten op. 83/Sonate op. 85/
   Trios op. 86/Duos op. 87/Trio op. 90

Eine Woche nach der Uraufführung von "William Shakespeare" übersiedelte Kuhlau am 6. April 1826 nach Lyngby, einem Dorf nahe Kopenhagen. Dort wohnte er zuerst im Hause "Landlyst", Høstvej 7, im Dorfteil Bondebyen, das heute noch erhalten ist.

Abb. 12 und 13: Kuhlaus Haus Landlyst in Lyngby
              oben in einer Zeichnung (ca.1875)
              unten auf einem Foto (1986)

In diesem großen Haus lebte er zusammen mit seinen Eltern - der Vater war inzwischen 78, die Mutter 74 Jahre alt - und seinem 16jährigen klavierspielenden Neffen, Georg Friedrich, dessen Erziehung Kuhlau schon 1822 übernommen hatte. Um die Versorgung seiner jüngsten Schwester Magdalene brauchte er sich mittlerweile nicht mehr zu kümmern, da sie 1825 in Alborg eine Stellung als Sprachlehrerin angenommen hatte.[1] Zusätzlich war im Hause ein deutsches Dienstmädchen aus Bonn angestellt,[2] mit dem sich die Familie in ihrer Muttersprache unterhalten konnte. Kuhlau selbst hat trotz seines langen Aufenthaltes in Kopenhagen kein gutes Dänisch gesprochen, geschweige denn geschrieben. Bei seinen wenigen Briefen, die er in Dänisch verfassen mußte, zum Beispiel diejenigen an die Theaterdirektion, ließ er sich von dänischen Feunden helfen.[3] Als Hausbewohner dürfen aber auch Kuhlaus treueste Kameraden, seine Hunde "Achates" und später "Presto"[4], nicht vergessen werden, die ein Beweis für seine ausgeprägte Tierliebe und Naturverbundenheit sind. Letztere scheint auch der Grund für die Übersiedlung von der Großstadt aufs Land gewesen zu sein. Kuhlau liebte lange Spaziergänge mit seinem Hund in freier Natur, bei denen er sich am besten von der Arbeit erholen konnte.

---

1) G. Busk: Kuhlau Breve, S. 156.
2) C. Thrane: Friedrich Kuhlau, S. 88.
3) K. Graupner: Friedrich Kuhlau, S. 48.
4) C. Thrane: Friedrich Kuhlau, S. 88.

Ganz in der Nähe von Kuhlau in Lyngby wohnte im "Fiskerhuset" der Dichter Christian Winther (1796 - 1876), der mit Kuhlau befreundet war und ihn oft besuchte. In einem Brief Winthers vom 9. August 1826 gab er eine genaue Beschreibung über die Zeit mit Kuhlau: "Ich besuche Kuhlau jeden Tag; wir sprechen über Musik, wir rauchen Tabak und trinken heißen Grog. Das ist wirklich ein herrlicher Kerl. Er komponierte in dieser Zeit eine ganze Menge kleinerer Gesänge: a) zwei Hefte mit 8 und 9 stimmigen Gesängen ohne Begleitung; davon hat er dann das erste Heft der Studentenvereinigung gewidmet, b) eine Sammlung Gesänge mit Klavierbegleitung. Er spielte davon den Alt für mich und - insoweit man einen vierstimmigen Gesang, wenn er auf dem Klavier gespielt wird, und eine Arie, gesungen von Kuhlaus rauher Stimme, verstehen kann, so fand ich sie doch über alle Maßen gesegnet, ja sogar sehr bemerkenswert, sodaß ich ihn gern dafür umarmt hätte, worüber ich mich auch nicht schäme."[1] Winthers Biograph Nikolaj Bøgh ergänzt noch, "daß Winther 10 Jahre jünger war als Kuhlau, daß sie aber doch in mancher Hinsicht sehr gut zusammen paßten, denn sie waren beide sehr naturliebend und machten gerne große Fußwanderungen. Sie lauschten dem Gesang der Vögel und auf die Gesänge, die noch im Volke lebten: 'De gamle Folkeviser' (die alten Volksweisen); beide fühlten sich stark beeindruckt von dem

---

[1] Brief von Ch. Winther an K. Sidenius vom 9.8.1826.

Romantischen, Schwärmerischen, Ritterlichen und von Dichtung und Meldodie dieser Art, in denen soviel Melancholisches enthalten war. Kuhlau sprach alles Andere, als ein gutes Dänisch, desto besser sprach aber Winther deutsch. Winther hatte ein feines und tiefes Verständnis für Musik und Kuhlau ließ sich gern von ihm die alten Erzählungen des Volkes vortragen. Wenn Winther am Nachmittage Kuhlau besuchte, empfing dieser ihn treuherzig und ehrlich, gutmütig, geradezu und gemütlich, so wie er war, in seinem Schlafrock mit dem feinen Leinenzeug darunter, mit der Pfeife im Munde und mit seinem Hund, seinem treuen Achates, an der Seite. Winther nahm dann seine Pfeife und sie setzten sich zusammen mit Kuhlaus Eltern in den Garten. Entweder gab es nun Kaffee oder Bier, oder einmal einen seltenen guten Wein, und wie Winther in dem vorhergehenden Briefe sagt, Grog. Kuhlau liebte immer einen starken Trunk, es war eine Leidenschaft von ihm."[1] Kuhlaus Vorliebe für den Genuß von Tabak und alkoholischen Getränken findet sich in allen erhaltenen Lebenszeugnissen und scheint sich in seiner Lyngbyer Zeit noch verstärkt zu haben, da er sich dort gleich ein ganzes Oxhoft[2] Rotwein bestellte.[3] Trotz dieser vielfältigen Äußerungen über Kuhlaus Vorliebe für alkoholische Getränke hat diese die Grenze zur Abhängigkeit nicht überschritten. Über krankhafte Ausmaße des Alkoholgenusses gibt es keinerlei Beweise.

---

1) N. Bøgh: Christian Winther, zitiert aus K. Graupner: Friedrich Kuhlau, S. 48.
2) Ein Oxhoft = 240 Liter.
3) Brief an D. Hashagen vom 14.6.1826.

In dem Bericht über Winther und Kuhlau wird auch die Vorliebe beider für "die Gesänge, die noch im Volke lebten: De gamle Folkeviser" erwähnt. Die Idee Volkslieder zu sammeln und gegebenenfalls auch neu zu bearbeiten oder zu verarbeiten, war zur Zeit der musikalischen Romantik eine Art Mode geworden, die ihren Grund in dem gesteigerten Nationalbewußtsein der einzelnen Volksgruppen hatte, und bis zur hymnischen Ausgestaltung der einfachsten Weisen führte. Für die Haus- und Kammermusik dieser Zeit fanden Variationszyklen über Volkslieder reißenden Absatz, so daß die Musikverleger solche Kompositionen gerne aufkauften. Auch Beethovens Variationszyklen op. 105 und op. 107 für Klavier mit Begleitung einer Flöte,[1] auf Wunsch eines englischen Verlegers 1818 entstanden, sind ein typisches Beispiel für diese Art von Volksliedverarbeitung. Kuhlau, der schon in seiner Flötensonate op. 64 einen solchen Zyklus eingebunden hatte, tat dies auch wieder bei einigen Flötenkompositionen, die in Lyngby entstanden - zuerst in den "3 großen Sonaten für Pianoforte und obligate Flöte op. 83". Hier findet sich in der Sonate op. 83 Nr. 1 anstelle des langsamen zweiten Satzes eine Variationenfolge mit Klavierintroduktion über das schwedische Lied "Sorgens Magt (Trauriges Mädchen)".

---

[1] Neuausgabe Universal Edition.

Notenbeispiel 36: Sorgens Magt in Kuhlaus
                 Übertragung für Flöte und Klavier

Bemerkenswert an dieser dreisätzigen Sonate ist auch der letzte Satz, ein zweigeteiltes e-moll "Allegro", das durch einen "Adagio sostenuto"-Einschub verbunden wird. Die rhythmische Anfangsfigur des e-moll Allegro-Themas

Notenbeispiel 37: Allegro-Thema, Takt 12 - 14

wird hier in eine G-Dur Figur verwandelt, die erst vom Klavier allein, dann von der Flöte vorgetragen wird, mit vollen Akkorden und getupften Dreiklangsbrechungen im piano vom Klavier begleitet.

Notenbeispiel 38: Adagio sostenuto Zwischenteil
            Takt 136 - 149

Dieser hymnisch anmutende Klangteppich, der häufig in den pianissimo-Chorszenen der romantischen Oper anzutreffen ist, endet in einer Klavierkadenz, die zur Reprise des Allegro-Teils überleitet, bevor der Satz virtuos, in der erlösenden G-Dur Grundtonart der Sonate ausklingt. Auch in den Sonaten op. 83 Nr. 2 mit langsamer Einleitung und op. 83 Nr. 3 hat Kuhlau jeweils in den letzten Satz ähnliche Zwischenteile eingebaut. Beide Sätze sind verkürzte Sonatenrondos in der Form A-B-A-C-B, wobei der Teil C aus einer volksliedhaften, schlichten Melodie besteht, die mit wohlklingenden Akkorden unterlegt ist, und sich so in beiden Fällen von dem virtuosen Grundcharakter dieser Sätze stark abhebt.

Notenbeispiel 39: Sonate op. 83 Nr. 2, 3. Satz
Rondo Allegro vivace, Beginn
des C-Teils

Notenbeispiel 40: Sonate op. 83 Nr. 3, 3. Satz
Rondo alla pollacca, Beginn
des C-Teils

Läßt sich die Entstehungszeit der Flötensonaten op. 83 nur ungefähr feststellen, so liegen über Kuhlaus nächste Flötenwerke genauere Informationen vor. Am 17. Februar 1827 entschuldigte er sich bei seinem Librettisten Boye, dessen neue Oper "Hugo og Adelheid" noch nicht in Musik setzen zu können, da zum einen die Finanzlage noch nicht geklärt sei, und er zum anderen an einem Werk arbeite, welches "noch zur Leipziger Ostermesse im Druck erscheinen soll".[1] Noch rechtzeitig zu dieser Messe erschien dann im April 1827 das erwähnte Werk bei J. A. Böhme in Hamburg. Es handelt sich dabei um die "3 großen Trios für 3 Flöten op. 86", die dem Hofmarschall Adam Wilhelm Hauch (1755 - 1838) aus Dankbarkeit gewidmet sind. Hauch, der zweimal, von 1794 bis 1798 und 1810 bis 1811 Intendant des königlichen Theaters, und ab 1811 Leiter der königlichen Kapelle war[2], hatte sich immer für die Belange Kuhlaus eingesetzt und seine Gehaltsforderungen und Urlaubsgesuche unterstützt.

Abb. 14: Hofmarschall Adam Wilhelm Hauch,
        Widmungsträger der Trios op. 86

---

1) Brief an C. J. Boye vom 17.2.1827.
2) G. Busk: Kuhlau Breve, S. 37.

Alle drei Trios op. 86 sind vorzüglich gearbeitete Kammermusikwerke, deren Wirkung auf der Ausgewogenheit zwischen sehnsuchsvollem Melodienreichtum und virtuosem Spielwitz beruht. Sind die Trios op. 86 Nr.2 und op. 86 Nr. 3 dreisätzig, so kommt im Trio op. 86 Nr. 1 in e-moll - nicht in G-Dur, wie die Neuausgabe[1] fälschlicherweise vermerkt - an zweiter Stelle noch ein Scherzo hinzu, dessen C-Dur Mittelteil außergewöhnliche harmonische Rückungen aufweist.

---

1) Billaudot.

Notenbeispiel 41: Trio op. 86 Nr. 1, 2. Satz
Scherzo, C-Dur Trio

Im Trio op. 86 Nr. 2 findet sich anstelle des langsamen Mittelsatzes wie schon in den Sonaten op. 64 und op. 83 Nr. 1 ein Variationszyklus über ein Volkslied. In sieben kontrastreichen Veränderungen läßt Kuhlau die alte schwedische Weise "Stige Lilles bjudning (Stige Lilles Einladung)" immer wieder in einem neuen Licht erscheinen.

Notenbeispiel 42: Stige Lilles bjudning in
Kuhlaus Fassung für 3 Flöten

Für das Trio in Es-Dur op. 86 Nr. 3 hat sich Kuhlau gleich zu Beginn des ersten Satzes "Allegro non troppo" eine besonders klangvolle Themenvorstellung einfallen lassen. Unter einer ausgehaltenen ganzen Note der ersten Flöte folgt die zweite und dritte Flöte mit einer Imitation der Auftaktfigur.

Notenbeispiel 43: Beginn des Trios op. 86 Nr. 3

Als Kuhlau gerade diese Trios op. 86 fertiggestellt hatte, wurde ihm mit königlicher Resolution vom 13. März 1827 [1] seine Forderung über 600 Rigsdaler für die Komposition von Boyes Oper "Hugo og Adelheid (Hugo und Adelheid)" bewilligt. Die Vertonung dieser banalen Liebesgeschichte, die in einer deutschen Hansestadt spielt, hatte Kuhlau schon seit 1825 immer wieder zurückgestellt,[2] zuletzt noch, um die Flötentrios rechtzeitig an seinen

---

1) K. Graupner: Friedrich Kuhlau, S. 49.
2) Brief an die Theaterdirektion vom 28.6.1825.

Verleger schicken zu können. Erst jetzt, als die Sondervergütung von zwei Jahresgehältern winkte, machte er sich in aller Eile an die Arbeit, da die Premiere dieser Oper bereits zu den Geburtstagsfeierlichkeiten der Königin am 29. Oktober 1827 stattfinden sollte. Erst am 13. Oktober ging die fertige Partitur an die Kopisten, so daß für das Stimmenausschreiben und die Einstudierung ganze zwei Wochen Zeit blieben. Nur insgesamt fünf Aufführungen mit mäßigem Erfolg erlebte "Hugo og Adelheid", bevor diese letzte Oper Kuhlaus vom Spielplan verschwand. Ob nun das dramatische unbrauchbare Libretto Boyes oder die uninspirierte Musik Kuhlaus daran schuld waren, sei dahingestellt.

Abb. 15: Caspar Johannes Boye, Kuhlaus Librettist

Viel intensiver kümmerte sich Kuhlau zu dieser Zeit um seine Flötenkompositionen. Zur Entstehungszeit der Sonaten op. 83 und der Trios op. 86 versuchte er, auch bei der Mainzer Hof-Musikhandlung B. Schott's Söhne verschiedene Werke unterzubringen. Dieser wichtige deutsche Musikverlag war nach dem Tod seines Gründers Bernhard Schott (1748 - 1809) in die Hände seiner Söhne Johann Andreas (1781 - 1840), Johann Joseph (1782 - 1855) und Adam Joseph (1794 - 1840) übergegangen, und hat seinen Namen B. Schott's Söhne bis heute beibehalten. Als Kuhlau am 14. Oktober 1826

"1 Klavier-Sonate mit Floete bald

3 Floeten Duos

1 Floeten Trio für 3 Floeten späterhin"[1]

ankündigte, bestellte die Hof-Musikhandlung alle diese Werke zum Preis von drei holländischen Dukaten für den Bogen[2].

Am 2. Februar 1827 ging zuerst die "Große Sonate für Pianoforte und Klavier op. 85" mit folgendem Brief an B. Schott's Söhne: "Hiermit übersende ich Ihnen die bewusste Claviersonate mit Flöte, hoffend dass sie nach Ihrem Wunsche gelungen seyn möge. Die andern mir aufgegebenen Werke werde ich Ihnen mit Vergnügen so nach und nach liefern. Haben Sie doch die Güte mir bald den Empfang dieses Manuscripts anzuzeigen."[3]

---

1) Brief an B. Schott's Söhne vom 14.10.1826.
2) Ein Bogen = vier Notenseiten.
3) Brief an B. Schott's Söhne vom 2.2.1827.

Die viersätzige Sonate a-moll op. 85 ist die heute am häufigsten aufgeführte Flötensonate Kuhlaus und gehört - mit der ebenfalls viersätzigen e-moll Sonate op. 71 - zu den bedeutendsten Schöpfungen romantischer Flötenmusik überhaupt. Mit ihrer knapp dreißigminütigen Aufführungsdauer stellt sie an beide Spieler enorme physische Anforderungen. Der erste Satz "Allegro con passione" beginnt mit einem schlichten achttaktigen a-moll Thema mit erzählender Aussage, welches das Klavier zuerst allein vorstellt.

Notenbeispiel 44: Beginn des ersten Satzes

Dieses Thema erscheint in Form einer Reminiszenz erst kurz vor Schluß des Satzes wieder in der Coda von einem rasenden Chromatik-Aufwärtslauf der Flöte eingeleitet. Hier verliert es sich endgültig in einem rezitativischen Dialog zwischen Klavier und Flöte gleichsam als Ruhe vor dem Sturm, den die

Flöte mit ihren langsam sich nach oben schraubenden Staccato-Sechzehnteln einleitet und der den Satz in brausender Virtuosität abschließt.

Notenbeispiel 45: Coda des 1. Satzes,
Takt 251 - 268

Nach einem Scherzo mit kontrastierendem Trio-Mittelteil folgt an dritter Stelle der Sonate ein achteinhalbminütiger "Adagio"-Satz, diesmal nicht in schlichtem A-B-A Formablauf, sondern in ausgedehnter Sonatenhauptsatzform. Das erste Thema dieses Satzes weist deutliche Ähnlichkeiten zum "Marsch der Priester" aus Mozarts "Zauberflöte" auf und bekräftigt Kuhlaus Vorliebe für die Benutzung dieser Trugschlußwendung.

Notenbeispiele 46:   Links: Marsch der Priester,
                              Takt 1 - 2
         und 47:   Rechts: Adagio, Takt 1 - 2

Ein Sonatenrondo, "Allegro poco Agitato" überschrieben, beendet dieses großangelegte Werk.

Am 20. April 1827 schickte Kuhlau als zweites Werk die "3 großen Duos für 2 Flöten op. 87", das seinem Freund P. F. Thornam, Berater in der Staatskanzlei, gewidmet war, mit folgenden Zeilen an B. Schott's Söhne: "Es ist mir sehr angenehm dass Sie, wie ich aus Ihrem so eben erhaltenen Briefe vom 8 Märtz d. J. ersehe, meine Sonate mit Flöte recht bald herauszugeben gedenken. Hierbei erhalten Sie die, laut Ihres Schreibens vom 24. Nov. v. J., bei mir bestellten 3 Flötenduetten, welche ich mit vielen Fleisse ausgearbeitet habe und mir wie ich glaube recht gelungen sind. Da ich bald eine Reise machen werde und nach meiner Rückkehr eine Oper für die hiesige Königl. Theater componiren muss so werde ich Ihnen vor Verlauf eines Jahres keine der sonst noch bei mir bestellten Compositionen ausarbeiten können, ich glaubte daher Ihnen gefällig zu sein wenn ich Ihnen erst das zweite bei mir bestellte Werk, diese 3 Duetten, lieferte."[1]

Über diese Duette op. 87 erschien in der "Allgemeinen musikalischen Zeitung" folgende Rezension, die zeigt, in welch hohem Ansehen diese Werke damals standen: "So oft Ref. Duetten von diesem Meister zu hören Gelegenheit hatte, führten sie auf's neue den erfreulichen Beweiss, dass Herr K. diese schwierige Musikgattung musterhaft zu bearbeiten versteht; wobey ihm seine bedeutenden Kenntnisse in den Künsten des doppelten Contrapunktes die beste Hülfe leisten, um immer interessant zu bleiben, auch nach öfterm Hören. Herrn Kuhlau's Melodien sind fast immer schön, oft erhaben zu nennen; und die in einem und demselben Tonstücke befindlichen haben Bezug aufeinander, oder sind sich, in Hinsicht des Charakters, verwandt; geht er ja einmal davon ab, so bemerkt man leicht einen vernünftigen Grund dafür ... Alles steht dabey an seinem rechten Orte,

---

[1] Brief an B. Schott's Söhne vom 20.4.1827.

man wünscht sich nämlich nichts anderes dafür hin, und das Gefühl, was eben durch die richtige Anordnung des Ganzen hervorgebracht wird, gehört zu den schönsten beym Genusse. Was hier im Allgemeinen über den Werth der Kuhlau'schen Flötenduetten angedeutet ist, gilt auch von den vorliegenden, nur dass diese etwas galanter, als die früheren gehalten sind. Das zweyte Duett darin, aus G moll wird wohl ein Liebling der Spieler werden. ..."[1] Die Aussagen dieser Rezension haben auch heute noch weitestgehend Bestand. Das Duo op. 87 Nr. 2 g-moll ist wirklich das interessanteste Werk dieser Reihe. Auf den ersten Blick nur zweisätzig, hat Kuhlau in den zweiten Satz "Presto agitato" anstelle eines zweiten Themas ein "Adagio" eingewoben, das die düstere g-moll Grundstimmung zuerst in der Durparallele B-Dur in der Reprise dann in der Durtonika G-Dur aufhellt.

Notenbeispiel 48: Beginn des 1. Themas und
            Beginn des 1. Adagio-Einschubs

---

1) AmZ Nr. 47 vom November 1828.

Zu den beiden dreisätzigen Duos op. 87 Nr. 1 und op. 87 Nr. 3 ist noch zu bemerken, daß Kuhlau hier öfter einen Stimmentausch auskomponiert, der für die Spieler zwar abwechslungsreich ist, für den Zuhörer aber den Eindruck einer Wiederholung vermittelt.

Das dritte von B. Schott's Söhne bestellte Flötenwerk, das "Trio für 3 Flöten op. 90" wurde dann erst im Laufe des Jahres 1828 fertiggestellt, wie es Kuhlau in seinem Brief vom 20. April 1827 angekündigt hatte. Der Grund für diese Verzögerung lag aber nicht nur an Kuhlaus Beschäftigung mit seiner Oper "Hugo og Adelheid", sondern an der zuerst unpünktlichen, dann ungenügenden Bezahlung des Mainzer Verlegers. Am 29. Mai 1827 bat Kuhlau um eine Bezahlung: "Auf meinen Brief vom 20. April d. J. womit ich Ihnen die 3 Flöten-Duetten übersandte, bin ich bis jetzt noch ohne Antwort. Da ich gerade jetzt um baares Geld verlegen bin, so wollte ich mir die Freiheit nehmen Sie zu fragen: ob ich den ungefährigen Betrag des Honorar's für die beyden Ihnen zugesandten Werke - die Clavier-Sonate mit Flöte und die 3 Fötenduetten - auf Sie anweisen darf oder ob Sie mir das Honorar vielleicht auf einem andern Weg wollen zukomen lassen? ..."[1] Auf diesen Brief hin erfolgte eine Zahlung, die aber nach der vertraglichen Abmachung zu gering ausfiel, so daß Kuhlau am 3. November 1827 das ihm noch zustehende Honorar anmahnte: "Auf meinen Brief vom

---

1) Brief an B. Schott's Söhne vom 29.5.1827.

29ten May d. J. worin ich Sie um baldige Zahlung für meine Op. 85 und 87 bat, hatten Sie die Güte mir durch Herrn Lose den Betrag von f. 200 auszahlen zu lassen. Da dies aber nur ein kleiner Theil des bey Ihnen zu Gute habenden Honorar's ist, und ich von Hr. Lose gehört habe dass die beiden Werke herausgekomen sind, so ersuche ich Sie mir bald möglichst den Rest zu komen zu lassen. Da ich leider! nicht so wohlhabend bin um auf das Honorar für meine Compositionen lange warten zu können, so kann ich Ihnen in der Folge nur Werke liefern unter der Bedingung: dass Sie mir den geschriebenen Bogen (dass ich nicht zu weitläuffig schreibe ist Ihnen bekannt) mit 3 Ducaten honoriren, und mir das Honorar spätestens 3 Monate nach Empfang des Werkes einsenden. Wenn Sie diesen neuen Accord eingehen, so werde ich Ihnen bald ein Trio für 3 Flöten einsenden."[1] Da Kuhlau im Laufe des Jahres 1828 sein Trio op. 90 nach Mainz schickte, wird wohl die Hof-Musikhandlung das ausstehende Honorar vorher bezahlt haben. Aber auch über die gedruckten Noten des Trios op. 90 gab es noch Unstimmigkeiten: Diesmal waren es die Druckfehler, die sich bei der Erstausgabe eingeschlichen hatten. "Ausser andern Druckfehlern in meinem bey Ihnen herausgekommenen Trio fehlt auch im Finale (da wo es H dur wird) in der dritten Flötenparthie folgender 4te Takt:

worüber sich die Ausführer nicht wenig zanken werden.[2]

---

1) Brief an B. Schott's Söhne vom 3.11.1827.
2) Ebenda vom 20.1.1829.

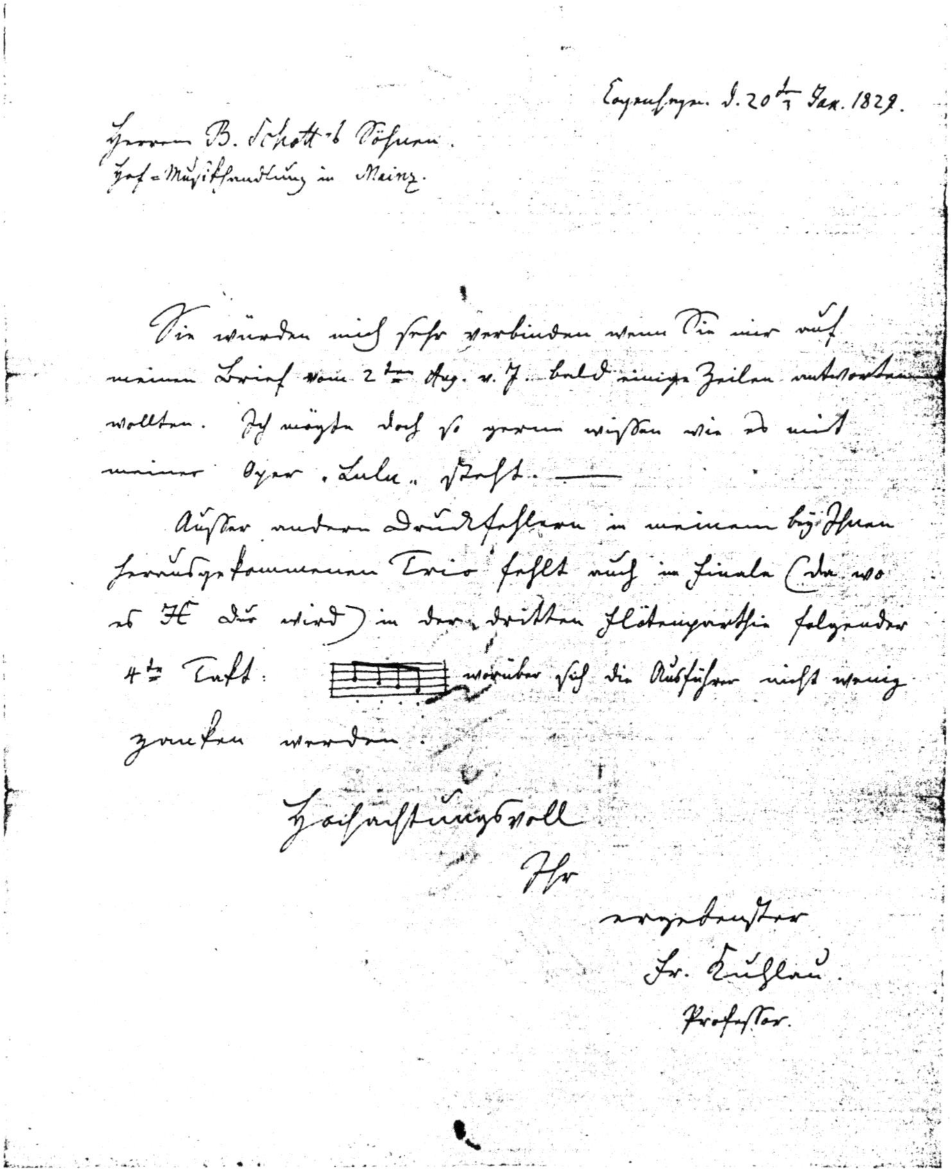

Copenhagen, d. 20ten Jan. 1829.

Herren B. Schott's Söhnen.
Hof-Musikhandlung in Mainz.

Sie würden mich sehr verbinden wenn Sie mir auf meinen Brief vom 2ten Aug. v. J. bald einige Zeilen antworten wollten. Ich möchte doch so gerne wissen wie es mit meiner Oper „Lulu" steht. —

Außer mehren Druckfehlern in meinem bey Ihnen herausgekommenen Trio fehlt auch im Finale (da wo es H dur wird) in der dritten Flötenpartie folgender 4ter Takt: [musical notation] worüber sich die Ausführer nicht wenig zanken werden.

Hochachtungsvoll
Ihr
ergebenster
Fr. Kuhlau.
Professor.

Abb. 16: Brief vom 20. Januar 1829 in Kuhlaus Handschrift

Bei der Reprint-Neuausgabe des Trios op. 90[1] aus dem Jahre 1981 wurden diese Druckfehler natürlich verbessert, so daß sich "die Ausführer" darüber heute nicht mehr zu "zanken" brauchen. Da das viersätzige Trio op. 90 kompositorisch auf gleicher Höhe wie das e-moll Trio op. 86 Nr. 1 steht, kann man sich heute darüber "zanken", welches Trio man als "Ausführer" dem anderen vorzieht.

1828, das Jahr, in dem das Trio op. 90 entstanden ist, unternahm Kuhlau wieder eine Reise, die ihn zwischen dem 2. Mai und dem 5. Juni nach Schweden und Norwegen führte. In Göteborg gab er am 13. Mai ein Konzert, in dem er auch sein jüngstes Klavierwerk "Variationen über das alte schwedische Volkslied 'Och Liten Karin tjente' op. 91" spielte. Zu dieser Zeit wußte er noch nicht, daß er sich sofort nach seiner Rückkehr nach Kopenhagen sehr intensiv mit solchen Volksweisen beschäftigen sollte. Für den 1. November 1828 war die Hochzeit zwischen Wilhelmine, Tochter Friedrich VI., und Prinz Friedrich angesetzt worden. Für diese Festlichkeiten sollte im königlichen Theater ein neues Stück uraufgeführt werden. Die Wahl der Theaterdirektion fiel auf ein Libretto von Heiberg "Elverhøj (Elfenhügel)", das nach dem Vorbild von Mendelssohn-Bartholdys Sommernachtstraum-Schauspielmusik zu einer Mischung aus Schauspiel, Oper und Ballet ausgearbeitet werden sollte. Kuhlau bekam als Theaterkomponist den Auftrag, dazu die Musik zu schreiben, die

---

1) B. Schott's Söhne.

aus einer Ouvertüre und einzelnen Musiknummern bestehen sollte. Der Inhalt des Schauspiels, der zur Verherrlichung der Königsfamilie bestimmt war, brachte besonders die dänische Volksseele zum Ausdruck, was Kuhlau in seiner Musik dadurch zu unterstützen suchte, daß er alte nordische Volkslieder einarbeitete. Die erhaltenen Briefwechsel zwischen Kuhlau und Heiberg zeigen, daß Kuhlau besonders alte schwedische Volkslieder aus der Sammlung "P. Grønland: Alte schwedische Volks-Melodien gesammelt von E. G. Geijer und A. A. Afzelius" benutzt hat.[1] Die Arbeit an "Elverhøj" ging nun so vor sich, daß Kuhlau Volksliedmelodien aussuchte und an Heiberg schickte, der diese Weisen mit einem zum Inhalt des Schauspiels passenden neuen Text unterlegte. So ist die Melodie von der Romanze Nr. 7 "Der vander en ridder" identisch mit der des dänischen Volksliedes "Der stranter et Skib", die Kuhlau besonders gut gefiel und die er deshalb bereits 1824 in seine Flötensonate op. 64 eingebaut hatte. Die Romanze Nr. 9 "Dybt i havet", original die schwedische "Neckens Polska" hat Heiberg als Erzählung in sein Schauspiel "Elverhøj" übernommen und sie dabei lediglich ins Dänische übersetzt. Dieser Ballade über den altgermanischen Wassergeist "Neck" oder "Nöck", der von Richard Wagner (1813 - 1883) in seinem "Ring des Nibelungen"

---

1) Brief an J. L. Heiberg von 1828.

"Alberich" wurde, hat Kuhlau später in seinen Flötenduos op. 102 noch einen Variationszyklus gewidmet.

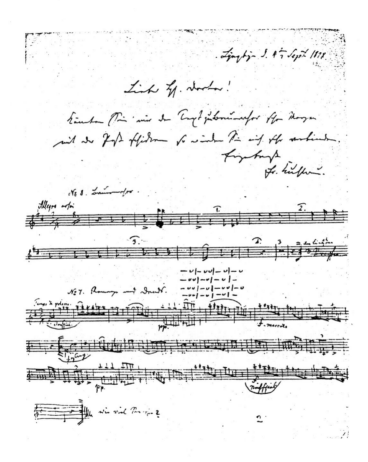

Abb. 17: Brief an Heiberg vom 4. September 1828 mit der Neckens Polska (hier Nr. 7) in Kuhlaus Handschrift

Insgesamt hat Kuhlau in "Elverhøj" die Volkslieder so geschickt instrumentiert, verarbeitet und mit eigenen Melodien vermischt, daß die sagenumwobene Geschichte aus dem alten Dänemark für den Zuhörer wieder lebendig wird. Der Text Heibergs, der die Geschichte des berühmten dänischen Königs Christian IV. (Regierungszeit 1588 - 1648) erzählt, der mit seinem Gefolge zu einer Hochzeit auf den Landsitz "Højstrup" des Königs der Elfen aufbricht, und unterwegs Gestalten begegnet, wie zum Beispiel der "Mutter Karen" (der dänischen Erda), die ihm in alten Weisen von der Geschichte Dänemarks erzählen, trug wesentlich zum nachhaltigen Erfolg dieses Bühnenwerkes bei.

Abb. 18: Johan Ludvig Heiberg

Im fünften Akt, einer Ballettmusik zu Ehren des Hochzeitspaares, findet sich im Mittelteil der

Polonaise Nr. 15 auch ein Solostück für Flöte und Orchester, was ein wenig darüber hinwegtrösten mag, daß Kuhlau kein Solokonzert für dieses, von ihm so häufig eingesetzte Instrument geschrieben hat. Den Schluß von "Elverhøj" bildet die hymnische Ausgestaltung des dänischen Nationalliedes "Kong Christian stod ved højen Mast (König Christian steht am hohen Mast)". Mit dieser Hymne endet auch die groß angelegte Potpourriouvertüre zu "Elverhøj", die so in die Nähe von Webers 1818 entstandener "Jubel-Ouvertüre op. 59" rückt, die mit der englischen Hymne "God save the King" endet. Die Uraufführung von "Elverhøj" am 6. November 1828 war für alle Mitwirkenden ein wahrer Triumph, vor allen Dingen für Kuhlau, der schon fünf Tage vorher - im Zuge der Hochzeitsfeierlichkeiten - zum Professor mit einer Gehaltsverdoppelung ernannt worden war. "Elverhøj" ist bis heute mit mehr als tausend (!) Aufführungen das erfolgreichste Stück des königlichen Theaters geblieben und hat Kuhlau in Dänemark als dänischen Nationalkomponisten mit deutscher Abstammung unsterblich gemacht. Mit dieser ersten dänischen Nationalmusik hat Kuhlau auch die Grundlagen für die folgenden skandinavischen Komponistengenerationen geschaffen, die mit Niels W. Gade (1817 - 1890), Johan Svendsen (1840 - 1911), Edvard Grieg (1843 - 1907) und Carl Nielsen (1865 - 1931) diese Linie kompositorisch weiterentwickelt haben.

Abb. 19: Glorifizierende Darstellung von
Heiberg (links) und Kuhlau nach
der triumphalen Elverhøj-Uraufführung
auf einer zeitgenössischen Postkarte

10. Lyngby
   1829
   Variationen op. 94/Fantasien op. 95/
   Introduktion und Rondo op. 98/
   Variationen op. 99/Variationen op. 101/
   Duos op. 102/Quartett op. 103/
   Variationen op. 104/Variationen op. 105/
   Duos brillant op. 110

In der Zeit der triumphalen Uraufführung von "Elverhój" erreichte Kuhlau eine wahre Flut von Kompositionsaufträgen für Flötenwerke. Aus diesem Grunde entstanden für verschiedene Verleger im Jahre 1829 zehn Opusnummern mit Flöte, von denen acht bis Ende April fertiggestellt waren.

Als erster Verleger hatte Carl Gotthelf S. Böhme[1] (1785 - 1855), der nach C. F. Peters Tod 1827 den Leipziger Verlag übernommen hatte, am 24. November 1828 mit der Bitte um Flötenwerke an Kuhlau geschrieben. Dieser antwortete ihm am 20. Januar 1829: "... Es freut mich überaus dass sie wünschen Werke meiner Composition zu verlegen. Fertige zum Druck bestimte, Werke habe ich nicht liegen, doch werde ich jetzt anfangen mehrere beliebte Thema's für Flöte und Pianoforte (für beide Instrumente conzertirend) zu variiren; sollten Ihnen solche zum Verlag conveniren so bitte ich Sie mir deshalb

---

1) Nicht zu verwechseln mit dem Hamburger Verleger J. A. Böhme.

recht bald zu schreiben. Mein Preis ist: ein holl. Ducaten für jede Noten-Seite. ..."[1] Bereits am 14. März 1829 schickte Kuhlau drei fertige Manuskripte an Böhme ab, besonders glücklich über die Zustimmung zu seiner Honorarforderung, die er im Hinblick auf die Werke für den Verlag B. Schott's Söhne von drei auf vier holländische Dukaten pro Bogen erhöht hatte. "Ew. Wohlgeboren erhalten hierbei die Ihnen in meinem ersten Briefe zum Verlage offerirten Werke für Flöte und Pianoforte, Op. 94, 98 und 99. Ich hoffe dass die Wahl der Thema's, aus Onslow's beliebter Oper, Ihren Beifall erhalten wird. Mit Vergnügen ersehe ich aus Ihrer geehrten Zuschrift vom 27ten Jan. dass Sie meinen Wunsch, in Hinsicht des Honorar's genehmigen, und wir nun darüber völlig einverstanden sind. ..."[2]

Böhme in Leipzig ist der einzige Verleger gewesen, der Kuhlau das geforderte Honorar pünktlich und in voller Höhe bezahlt hat. Die drei für Böhme zuerst entstandenen Werke op. 94, op. 98 und op. 99 wurden allerdings vom Verleger zunächst falsch angezeigt, worüber sich Kuhlau am 25. April 1829 bei ihm beschwerte: "... Aus dem mir mitgesandten Verlagsscheine ersehe ich dass Sie meine Werke 94, 98 u. 99 trois Fantasies pour une Flûte betiteln, aber sollte das nicht ein Irrthum seyn? - denn meines Bedänkens kann man doch nicht gut Variationen u. Rondos Fantasien nennen, weil letztere doch einen ganz andern Styl erfordern, und dann pour une

---

1) Brief an C. G. S. Böhme vom 20.1.1829.
2) Ebenda vom 14.3.1829.

Flûte? Die Pianoforteparthei ist ja nicht ad libitum sondern eben so bedeutend wie die der Flöte. - ..."[1] Als Böhme dies geändert hatte, war Kuhlau dann nicht nur mit der prompten Bezahlung, sondern auch mit den gedruckten Ausgaben seiner Werke sehr zufrieden: "... Ich muss gestehen so elegante und correcte Ausgaben wie die Ihres Verlags sind mir noch nicht vorgekomen. Sie sind gewiss darinn noch von keinem Verleger erreicht worden. ..."[2] Alle drei Kompositionen op. 94, op. 98 und op. 99 haben Themen aus der Oper "Le colporteur (Der Hausierer)" von Georges Onslow (1784 - 1835) zur Grundlage, die Kuhlau bei ihrer Aufführung in Kopenhagen am 28. Oktober 1828 kennengelernt hatte.[3]

Das erste Werk dieser Reihe "Variations concertantes über die Arie 'Pour des filles si gentilles' aus Le colporteur für Klavier und Flöte op. 94" besteht aus einem achttaktigen Klaviervorspiel, dem Thema in der Originaltonart B-Dur und acht Variationen. Das Klaviervorspiel ist eine Übertragung des Orchestervorspiels der Arie; die Arie selbst wurde ebenfalls fast wörtlich benutzt.

---

1) Brief an C. G. S. Böhme vom 25.4.1829.
2) Ebenda vom 10.4.1830.
3) G. Busk: Kuhlau Breve, S. 122.

Notenbeispiel 49: Vorspiel und Beginn der
Colporteur-Arie in Onslows
Partitur des Erstdrucks

Notenbeispiel 50: Kuhlaus Übertragung dieser Arie: Das Orchestervorspiel in der Klavierfassung, die Melodie der Singstimme in der Flötenfassung

Zu erwähnen ist noch die sechste Variation, die in der für Flöte seltenen Tonart b-moll steht.

Notenbeispiel 51: Flötenstimme der VI. Variation

Das zweite Werk ist kein Variationszyklus, wie das Karl Graupner noch im Werkverzeichnis seiner Dissertation behauptet[1], sondern lautet: "Introduction et Rondo concertantes über den Chor

---

1) Karl Graupner: Friedrich Kuhlau, Anhang.

'Ah! quand il gêle' aus Le colporteur für Klavier und Flöte op. 98." Nach einer kadenzartigen "Maestoso"-Introduktion, in der das Klavier dominiert, wird das e-moll Thema in einem konzertanten Sonatenrondo durchgeführt, in dem Kuhlau zwar die für ihn übliche Tonartenfolge, Molltonika - Durparallele - Molltonika - Durtonika, einhält, ohne jedoch ein zweites Thema dem ersten gegenüberzustellen. Die Übertragung des Originalthemas ist fast wieder wörtlich, wobei sogar Onslows Instrumentierung in der Weise berücksichtigt wurde, daß die Flöte, bei Onslow das Piccolo, das Thema erst bei der Wiederholung um eine Oktave höher spielt.

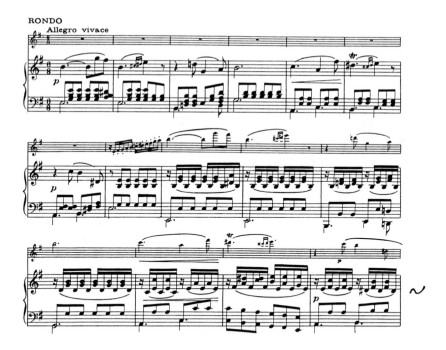

Notenbeispiel 52: Kuhlaus Übertragung des Chores

Notenbeispiel 53: Der Chor Takt 7 - 17 in Onslows Originalpartitur

Das dritte Werk "Introduction et Variations concertantes über die Arie 'Toujours de mon jeune âge' aus Le colporteur für Klavier und Flöte op. 99" beginnt mit einer A-Dur Introduktion, die durch eine Flötenkadenz eingeleitet wird.

Notenbeispiel 54: Beginn der Introduktion

Das anschließende a-moll Thema, zuerst allein vom Klavier vorgestellt, wird dann in bewährter Weise in acht Variationen verändert.

Notenbeispiel 55: Thema in Kuhlaus Klavierfassung

In der VIII. Variation "Allegro alla polacca" wird der vituose Spielfluß plötzlich auf der Dominante unterbrochen und es erklingen noch einmal unverändert die ersten vier Takte des Themas, bevor die Flöte mit thematisch verwandten Oktavbindungen in die geschwind anlaufenden Sechzehnteltriolen des Klaviers einsteigt, um den Zyklus in brausender Virtuosität abzuschließen.

Notenbeispiel 56: VIII. Variation, nach der Unterbrechung auf der Dominante (E-Dur), Themenanklang im Klavier und Schlußtakte der Flötenstimme

Im Gegensatz zu "Introduction et Rondo op. 98", das heute wieder in einem Neudruck[1] vorliegt, sind die beiden Variationszyklen op. 94 und op. 99 jetzt erst vom Verfasser dieser Arbeit wieder entdeckt worden. Sie sind die einzigen Flötenwerke Kuhlaus, die seit ihrem Erstdruck von 1830 nie wieder neu aufgelegt wurden. Für die voranstehenden Analysen dienten Kopien dieser Erstdrucke, die hier zum erstenmal wieder der Öffentlichkeit zugänglich gemacht werden.

Abb. 20: Die Originaltitelblätter des Erstdrucks op. 94 und op. 99

Mitten in der Arbeit an diesen Werken meldete sich am 26. Februar 1829 bei Kuhlau ein zweiter Verleger, Jaques Hyppolite Aristide Farrenc (1794 - 1865), und bestellte Flötenkompositionen. Farrenc war als Schüler des Virtuosen Joseph Guillou (1787 - 1853) selbst Flötist und hatte in Paris einen Musikverlag gegründet.

Abb. 21: Aristide Farrenc, Flötist und Musikverleger

Im Gegensatz zu der angenehmen Zusammenarbeit mit Böhme gab es für Kuhlau mit Farrenc die üblichen Schwierigkeiten: Er bezahlte nicht pünktlich, wollte den Preis drücken oder verlangte sogar für Kompositionen eine bestimmte Länge.

"...Sie wünschen, dass ich das eine Rondo um 2 Seiten verlängern mögte, allein, dazu kann ich mich unmöglich verstehn, es würde nur Flickwerk, und das Rondo dadurch verdorben werden; auch würde mich dieses in meiner jetzt vorgenommenen Arbeit sehr stören. ..."[1] Aus solchen Äußerungen ist zu erkennen, welche unglaublichen Auflagen Musikverleger damals an die Übernahme von Kompositionen knüpften. Für Farrenc entstanden zuerst drei Opusnummern mit Flöte: Die "3 Fantasien für Flöte mit Begleitung des Pianofortes ad libitum op. 95" bis März[2], "Introduction et Variations brillantes über ein Thema aus Jessonda für Pianoforte und Flöte op. 101" und die "3 Duos brillantes für 2 Flöten op. 102" bis April, dessen Manuskripte am 24.April 1829 an Farrenc abgeschickt wurden. "Gestern habe ich mit der Paquetpost an Sie abgesandt Op. 101 und Op. 102".[3]

Die drei Fantasien op. 95 verkaufte Kuhlau nicht nur an Farrenc in Paris, sondern auch an den Kopenhagener Musikverleger Johan Christopher Daniel Milde (1788 - 1864), auf dessen Erstdruck sich die heute wieder zugängliche Neuausgabe stützt. Die Fantasien op. 95 sind dem Maler C. W. Wiehe gewidmet, der Kuhlaus Freund war.

---

1) Brief an A. Farrenc vom 6.2.1830.
2) Ebenda vom 14.3.1829.
3) Ebenda vom 25.4.1829.

Abb. 22: Lithographie Kuhlaus von C. W. Wiehe,
dem Widmungsträger der Fantasien op. 95

Sie schließen in ihrem Kompositionsstil an die Divertissements op. 68 und die Grands Solos op. 57

in gleicher Besetzung an. Ihr Titel "Fanatsien" in der im 19. Jahrhundert üblichen Bedeutung des freien Fantasierens oder Improvisierens, läßt sich am ehesten auf das erste Werk dieser Reihe übertragen. Auf ein "Allegretto pastorale" im 6/8 Takt mit ländlich-schlichter Dreiklangsmelodik

Notenbeispiel 57: Beginn der Fantasie op. 95
Nr. 1

folgt ein stürmisches "Allegro assai un poco agitato" in der kontrastierenden Tonart g-moll.

Notenbeispiel 58: Beginn des Allegro assai un pocco agitato

Bevor nun die Fantasie mit einer strahlend virtuosen G-Dur Coda schließt, erscheint noch einmal verkürzt - gleichsam als Erinnerung "in der Fantasie" - der pastorale 6/8 Anfangsteil.

Notenbeispiel 59: Der Übergang zum pastoralen Anfangsteil

Die einzelnen Sätze der Fantasien op. 95 Nr. 2 und op. 95 Nr. 3 stehen nicht in thematischem Bezug zueinander, sind aber durch Übergänge miteinander verbunden, so daß der Charakter einer in sich abgeschlossenen Fantasie bestehen bleibt. Die in erster Linie harmonisch stützende Klavierstimme kann wahlweise wie schon in den Werken op. 57 und op. 68 auch weggelassen werden.

Das zweite für Farrenc geschriebene Werk "Introduction et Variations brillantes über ein Thema aus Jessonda für Pianoforte und Flöte op. 101" knüpft an die Colporteur-Variationen op. 94 und op. 99 an. Flöte und Klavier werden hier ebenfalls als gleichberechtigte Duopartner behandelt. Der Widmungsträger ist diesmal der Kopenhagener Soloflötist Niels Petersen. Als Thema in nicht französischer Sprache, wie dies Farrenc ausdrücklich wünschte, wählte Kuhlau aus der 1823 in Kassel uraufgeführten Oper "Jessonda" seines Bekannten Spohr das Duett "Schönes Mädchen, wirst mich hassen" aus dem zweiten Akt. Es ist die Szene zwischen "Nadori" und "Amazili", deren Hochzeit noch die von "Nadori" versprochene aber noch nicht vollzogene Rettung "Jessondas", "Amazilis" Schwester, im Wege steht.

Notenbeispiel 60: Das Duett aus Spohrs Jessonda

Die ersten 16 Takte des Duetts hat Kuhlau in seiner Übertragung von As-Dur nach G-Dur transponiert und zuerst für Klavier allein, in der Wiederholung dann für Flöte und Klavier gesetzt.

Notenbeispiel 61: Das Duett in Kuhlaus Übertragung (Beginn)

Diesem Thema hat Kuhlau eine g-moll Introduktion vorangestellt, die mit ihren Klaviertremoli und rhythmischen prägnanten Motiven eher in die Welt der Oper als in einen kammermusikalischen Variationszyklus einleitet.

Notenbeispiel 62: Die Introduktion Takt 17 - 27

Die Wirkung der folgenden acht Variationen liegt in der Darstellung von virtuoser Brillanz. Mit Passagen, in denen Kuhlau das Thema in artistisch anmutender, latenter Zweistimmigkeit verarbeitet, begibt er sich in die Nähe der damals üblichen Virtuosenvariationen.

Notenbeispiel 63: VIII. Variation Flötenstimme Takt 231 - 239 mit dem Beginn des Themas in latenter Zweistimmigkeit verarbeitet

Von einem in sich geschlossenen Variationszyklus, wie es die "Euryanthe-Variationen op. 63" darstellen, kann bei diesem Werk nicht mehr gesprochen werden.

Als drittes Werk für Farrenc entstanden noch die "3 Duos brillantes für 2 Flöten op. 102", Kuhlaus Freund Moritz Lobel gewidmet, die den Kreis seiner insgesamt 18 Flötenduos schließen. Hier ist besonders das zweite Duo op. 102 Nr. 2 erwähnenswert, bei dem sich als Schlußsatz ein Variationszyklus über die schon in "Elverhøj" verwendete schwedische "Neckens Polska" findet. Bei den beiden vorangestellten Sätzen, einer "Adagio"-Einleitung in E-Dur und einem rasenden "Allegro assai con molto fuoco" in e-moll, stellt sich der Eindruck einer überdimensionalen Introduktion ein, die den Zuhörer in die kristallene Unterwasserwelt des altgermanischen Geistes führt, der in dieser "Polska" besungen wird. Besonders im "Allegro assai con molto fuoco" mit seinem durch "neckische" kurze Oktavvorschläge geprägten e-moll Dreiklangsthema und den dazu geschwind "wasserversprühenden" Triolenketten, geht es in die tief im Meer liegenden Felsenhallen, die Heimat des Neck.

Notenbeispiel 64: Beginn des Allegro assai con molto fuoco

Als Steigerung schließt dieser Satz noch mit einer kanonartigen Engführung über das Grundthema mit der Spielanweisung "Più presto ff con molto fuoco".

Notenbeispiel 65: Schluß des Allegro assai con molto fuoco

Dann erklingt die Ballade des Neck mit vier Variationen und Coda, in der die beiden Flöten gleichrangig behandelt werden, weil die Wiederholungen des Volksliedes mit Stimmentausch notiert sind.

Notenbeispiel 66: Die Neckens Polska in Kuhlaus
Übertragung für zwei Flöten

Die Vortragsbezeichnung der Ballade "Tempo di polacca" ist irreführend und bezieht sich nicht auf das Zeitmaß, sondern auf den Polonaisen-Rhythmus dieses Liedes, welches im Schwedischen ein ländlicher Reigen ist.

2. Aegirs Töchter wiegen ihn gelinde,
Schaukeln ihn über klarer See.
Horch, die Harfe tönt im Hauch der Winde,
Kündend leis seines Herzens Weh.
Wie sein Blick auch prüft des Sternenhimmels Pracht:
Noch verrät kein Stern die Königin der Nacht,
Freia erst Schmuck ins Haar sich schlingt;
Und seinen Gram der Nöck zur Harfe singt.

3. „O wo weilst du, strahlendster der Sterne
In dem Blau stiller Dämmerstund?
Du, die einst, genaht aus Erdenferne,
Braut mir war auf des Meeres Grund!
Die, wenn ich zur Goldharf süße Lieder sang
Ihres Sängers Hals so innig oft umschlang,
Fest geschmiegt in der kühlen Flut,
Daß auf den Wogen stumm die Harfe ruht"!

4. Doch aus Gimles Arm herabzustrahlen
Odin rief dich zum Sternenzelt,
Und dein Sänger, einsam in der Sehnsucht Qualen,
Nur dein Bild noch im Herzen hält.
Doch wenn einst die Midgardschlang'erwacht, wenn hier
Stolzer Götter Ende dämmert, dann bei dir
Tönt erlöst zu der Wogen Sang
Froh wieder meiner goldnen Harfe Klang."

5. So das Klaglied. Doch am Himmelsrande
Freia, hold lächelnd durch die Nacht,
Ewig sieht am goldbestreuten Strande
Seine Tränen sie in goldner Pracht.
Und den fernen Freund im Meere grüßt sie mild,
Und die Woge spiegelt klar der Holden Bild,
Und der Nöck nun auf blauer Flut
Singt froh zur Harfe seiner Liebe Glut.

6. Und die Geister von den Sternen allen
Ziehn dahin still in nächtgem Reih'n,
Während klar die Silbertöne schallen
Über Strand, über Fels und Stein.
Doch wenn rot des Tages Fürst im Ost sich hebt,
Bleich und furchtsam Freias milder Stern entschwebt,
Traurig blinkt Abschied sie ihm zu:
Dann geht des Nöcken Harfensang zur Ruh.

Notenbeispiel 67: Das Schwedische Volkslied
Neckens Polska

Nach einer Kadenz der ersten Flöte endet Kuhlaus Duo op. 102 Nr. 2 mit einer geschwinden Coda, in der der erste Takt des Liedes immer wieder mit den schon aus dem zweiten Satz bekannten Triolen umspielt wird.

Notenbeispiel 68: Die Coda des Variationszyklus

Für die siebte und achte Flötenkomposition bis Ende April 1829 sorgte ein Brief von W. L. Huntly vom 4. April. Dieser Flötendilettant wünschte von Kuhlau Fantasien über keltische Volkslieder für Flöte und Klavier ad libitum. Kuhlau antwortete Huntly am 25. April 1829: "Ew. Wohlgeborn geehrte und mir sehr schmeichelhafte Zuschrift vom 4ten d. M. habe ich erhalten, und ersehe mit vielen Vergnügen daraus dass meine Flötencompositionen Ihren Beifall nicht verfehlt haben. Ich danke Ihnen recht sehr für die Mittheilung der 2 schönen Volkslieder, da aber erst kürzlich 3 Solo's oder vielmehr Fantasien für Flöte (mit Pianofortebegleitung ad libitum) von mir herausgekommen sind (in Paris bei Aristide Farrenc, und in Copenhagen bei C. D. Milde - Op. 95 -) so habe ich diese 2 Themas variirt, Ihrem Wunsche gemäss für Flöte recht brilliant u. gesangreich und mit leichter Fortepianobegleitung, ad libitum. Ich denke, wenn Sie es erlauben, Ihnen diese beiden Werkchen (deren Composition Sie veranlasst haben) zu dediciren, und im Laufe des Sommers bei irgend einen Verleger, in Leipzig oder Paris herauskommen zu lassen. ..."[1] Kuhlau hielt Wort und verkaufte beide Manuskripte im Sommer 1829 an seinen Leipziger Verleger Böhme[2], was er Huntly sofort in einem Brief mitteilte: "... Nun habe ich aber diese 2 Werkchen an C. F. Peters - Bureau de Musique in Leipzig - verkauft, ..."[3] Bei den "2 Werkchen" handelt es sich um die "Variations sor un Air favori Ecossais für Flöte mit Klavier ad. lib. Op. 104" und "Variations sur un Air favori Irlandais für Flöte und mit Klavier ad lib. Op. 105". Beide Werke sind W. L. Huntly gewidmet.

---

1) Brief an W. L. Huntly vom 25.4.1829.
2) Inhaber des Verlages C. F. Peters.
3) Brief an W. L. Huntly vom Juli 1829.

Für die Variationen op. 104 benutzte Kuhlau das schottische Volkslied "Durandarte and Belerma", für die Variationen op. 105 das irische Volkslied "The last rose of summer", das sich damals sehr großer Beliebtheit erfreute. Auch Beethoven hatte das irische Volkslied schon 1818 für seine Variationen op. 105 Nr. 4 in umgekehrter Besetzung (Klavier mit Flöte ad. lib.) benutzt. [1]

Notenbeispiel 69: Durandarte and Belerma in Kuhlaus Übertragung

---

1) Neuausgabe Universal Edition.

Notenbeispiel 70: The last rose of summer in Kuhlaus Übertragung

Daß Kuhlau zwei so ähnliche Volkslieder direkt nacheinander variiert hat, mag an dem guten Preis liegen, den Huntly sicherlich für die beiden Variationszyklen gezahlt hat. In ihrer Anlage folgen beide Werke dem für diese Zeit so typischen Genre der Bravourvariation, wobei die Klavierstimme nur Akkordbegleitfunktion hat.

Nach den insgesamt acht Flötenwerken, die drei Kompositionen für Böhme, die drei für Farrenc und die zwei für Huntly, die alle kurz hintereinander bis Ende April 1829 entstanden waren, erbat sich Kuhlau erst einmal eine Pause für die Komposition von Flötenwerken. "... Es ist wirklich eine schlimme Aufgabe für mich 2 Mahl 3 Flöten-Duetten so gleich nach einander zu schreiben, daher will ich mich zur Erholung erst mit einigen andern Arbeiten beschäftigen, u. darauf Ihrem Wunsche gemäss, für Sie 3 grosse Fl Duetten schreiben, obgleich ich dann lieber erst 3 Trios für 3 Fl oder 3 Sonaten für Pf und Fl. schriebe. ..."[1], teilte er am 25. April 1829 Farrenc mit. Ein weiteres Angebot aus Paris, Flötenkompositionen zu schreiben, diesmal von dem Komponisten, Klavierbauer und Verleger Ignaz Pleyel (1757 - 1831), lehnte Kuhlau wegen bestehender Verlagsrechte ab. "Auf Ew. Wohlgeborn letzte geehrte Zuschrift habe ich die Ehre zu erwiedern, dass Herr Aristide Farrenc wünscht, in ganz Frankreich der einzige Verleger meiner Flötenkompositionen zu seyn, und ich mit ihm desswegen eine Uebereinkunft getroffen habe. ..."[2]

---

1) Brief an A. Farrenc vom 25.4.1829.
2) Brief an I. Pleyel vom 28.3.1829.

Zu einer langen Pause ohne Flötenwerke kam es allerdings nicht: Bereits im Sommer 1829 entstand Kuhlaus nächstes Werk, das "Große Quartett für 4 Flöten op. 103", dem Berliner Flötisten Julius Gabrielski (1806 - 1878) gewidmet. Diesen lernte Kuhlau auf der ersten Station seiner Reise kennen, die ihm zusammen mit seinem Freund Gerhard Diderich Hashagen (ca. 1792 - 1859) nach Berlin und Leizig führte.

Abb. 23: Julius Gabrielski, Widmungsträger des Quartetts op. 103

Ob das Quartett op. 103 kurz vor oder während dieser Reise entstanden ist, läßt sich nicht mehr feststellen. Als Kuhlau auf der zweiten Station seiner Reise im Juli 1829 in Leipzig eintraf, war es vollendet, da es auf dem Landsitz von Musikverleger Böhme in Connewitz zum ersten Mal aufgeführt wurde: "Als er (Kuhlau) während seines Besuches in Leipzig 1829, vom Musikverleger Böhme (Peters' Bureau) eingeladen worden war, sein neues Quartett für vier Flöten anzuhören, begann der erste Flötenbläser mit ihm über seine technische Finessen, die Flöte betreffend, sich zu unterhalten, und konnte vor Verwunderung nicht zu sich kommen, als er hörte, daß Kuhlau nicht Flötist wäre, ja er wollte das kaum glauben."[1] Diese Äußerung des Leipziger Soloflötisten, wahrscheinlich Karl August Grensers (1794 - 1864), der seit 1814 diese Position im Konzert- und Theaterorchester innehatte, zeigt, wie hoch schon damals Kuhlaus instrumentengerechte Arbeiten in Flötistenkreisen geschätzt wurden.

Abb. 24: Karl August Grenser, einer der Flötisten, die auf Böhmes Landsitz, Kuhlaus Quartett op. 103 zum ersten Mal aufgeführt haben

---

1) C. Thrane: Friedrich Kuhlau S. 48 ff.

Auch Musikverleger Böhme, den Kuhlau hier persönlich kennenlernte und zu dem er ein freundschaftliches Verhältnis gewann, gefiel das Quartett, dessen Manuskript er sofort kaufte und später in seinem Verlag C. F. Peters herausgab. Das "Große Quartett für 4 Flöten op. 103", welches Reinhold Sietz "als bestes seiner Art" bezeichnet[1], besteht aus vier Sätzen, wobei dem ersten Satz "Allegro assai con molto fuoco" in e-moll noch eine langsame Einleitung "Andante meastoso" in E-Dur vorangestellt ist. Die punktierten Rhythmen verleihen dieser langsamen Einleitung den Charakter einer Ouvertüre, die mit einer Kadenz der ersten Flöte abschließt und in das großangelegte Werk einführt.

---

1) R. Sietz: MGG Bd. 7, S. 1878.

Notenbeispiel 71: Introduktion des Quartetts op. 103

In allen vier Sätzen dieses Quartetts op. 103 beweist Kuhlau seine Fähigkeit, die vier Flöten so einzusetzen, wie dies üblicherweise nur mit den Instrumenten eines Streichquartetts möglich ist.

Insgesamt nahm Kuhlau wieder neue Eindrücke mit nach Hause, die vor allem durch die zahlreichen Theateraufführungen, die er in Berlin gesehen hatte, geprägt wurden. Seinen Berlin-Aufenthalt bezeichnete er als "ein wahres Schlaraffenleben"[1], und daß ihm die Zeit in Leipzig ähnlich gut gefallen hat, äußerte er in einem Schreiben an seinen Verleger Böhme: "... Mein angenehmer Auffenthalt in Leipzig, das Vergnügen, Ihre persönliche Bekanntschaft gemacht zu haben, und die herrlichen Stunden welche ich dort mit Ihnen verlebte - alles dieses kom̄t mir jetzt vor wie ein schöner Traum, den ich aber sehnlichst wünsche bald einmahl wieder träumen zu können. ..."[2] Zur Zeit dieses Briefes war Kuhlau schon wieder in Kopenhagen, das er nach stürmischer Überfahrt mit dem Dampfschiff "Caledonia" am 31. Juli 1829 erreicht hatte.[3]

Ende Oktober 1829 lernte Kuhlau in Kopenhagen einen der berühmtesten Klaviervirtuosen und Komponisten seiner Zeit, Ignaz Moscheles (1794 - 1870), kennen, der hier mit der Sopranistin Pauline Anna Milder (1785 - 1838) und dem französischen Flötenvirtuosen

---

1) Brief an Andreas Kuhlau vom 18.6.1829.
2) Brief an C. G. S. Böhme vom 4.8.1829.
3) G. Busk: Friedrich Kuhlau, S. 75.

Joseph Guillou (1787 - 1853), am 5. November und 20. November 1829 zwei umjubelte Konzerte gab. Im Hause des Weinhändlers Christian Waagepetersen (1787 - 1840), der als großer Kunstfreund gerne Privatkonzerte veranstaltete, sind sich Kuhlau und Moscheles des öfteren begegnet. Besonders angetan war Moscheles von Kuhlaus "Elverhøj"-Schauspielmusik, dessen Aufführung er im königlichen Theater selbst miterlebte, und von den Rätselkanons: "Auch Kuhlau, den überaus gewandten Räthselkanonbauer lernte ich kennen; er schmiedet musikalische Kunstschlösser, die unendlich schwer zu erschliessen sind. ..."[1] Zwei solcher Werke, einen Rätselkanon und einen Kanon für zwei Flöten für Herrn Professor G(uillou)[2] schenkte Kuhlau Moscheles zum Abschied, dessen Klavierspiel er als "hohen Genuß"[3] bezeichnete. Nimmt man an, daß dieser Kanon für zwei Flöten erhalten ist, so kann es sich eigentlich nur um den dritten Satz aus Kuhlaus Flötenduo op. 39 Nr. 3 handeln; sonst wird er wohl zwischen den Noten von Guillou auf ewig verschwunden sein.

---

1) Moscheles Leben I, S. 213.
2) Brief an I. Moscheles vom 18.11.1829.
3) Ebenda.

Abb. 25: Joseph Guillou, der Empfänger des Flötenkanons

Zwischen Mitte November 1829 und dem 23. Januar 1830 war auch der Widmungsträger der Duos op. 39, Kuhlaus Dresdener Flötistenfreund Fürstenau, erneut in Kopenhagen. Wie schon bei seinem ersten Besuch 1823 gab er dort Konzerte. Am 27. Dezember 1829 und am 23. Januar 1830 spielte er unter anderem eines seiner neuesten Werke, die Variationen über "Dybt i Havet" aus Kuhlaus "Elverhøj"[1], die aus Bewunderung zu dem deutsch-dänischen Komponistenfreund entstan-

---

1) G. Busk: Friedrich Kuhlau, S. 81.

den sind. Fürstenau hat das Volkslied entweder in einer "Elverhøj"-Vorstellung oder in Kuhlaus eigenen Variationen, in dem Flötenduo op. 102 Nr. 2, kennengelernt, dessen Noten Kuhlau ihm sicherlich zum "Durchspielen" vorlegte.

Fürstenau konnte zu dieser Zeit auch Kuhlaus neueste Flötenkompositionen ausprobieren, die "3 Duos brillant für Klavier und Flöte (oder Violine) op. 110", die Kuhlau zwischen Mitte November und Mitte Dezember 1829 geschrieben hatte.[1] Da die Duos bei Farrenc in Paris herauskamen, kann es sich nur um die schon am 25. April 1829 angekündigten "3 Sonaten für Pf und Fl."[2] handeln, die Kuhlau seinem Verleger, nach jener erbetenen Pause Flötenwerke zu komponieren, versprochen hatte. Der Titel "Duos brillant" läßt sich so erklären, daß Farrenc ursprünglich Duos - allerdings für zwei Flöten - wünschte, und Kuhlau deshalb die Gattung der Sonate hier mit "Duo brillant" - aber für Klavier und Flöte - bezeichnete. Die kompositorische Qualität der Duos op. 110 ist, im Gegensatz zu anderen Flötenwerken des Jahres 1829 so hoch, daß der Eindruck entsteht, Kuhlau habe in diesen Duos seine wertvollen Reiseeindrücke verarbeitet. (Neben den Duos op. 110 entstand unter dem Eindruck der Deutschlandreise 1829 als bedeutendes Werk nur noch das "g-moll Quartett für Pfte., Violine, Bratsche und Violoncello op. 108", das Moscheles bei seinem

---

1) G. Busk: Kuhlau Breve, S. 147 ff.
2) Brief an A. Farrenc vom 25.4.1829.

Besuch als "vortrefflich gearbeitet" bezeichnet hatte.[1]) Die dreisätzigen Duos brillant op. 110 sind in ihrer Form komprimierter angelegt als die früheren großen Flötensonaten Kuhlaus. In ihnen vollzieht sich der Ablauf der Formelemente ohne große Umwege und ritardierende Überleitungen. Auch die virtuosen Elemente treten in den Hintergrund. Der Titelzusatz "brillant" bezieht sich nicht auf die technische, sondern auf die klangliche Präsenz, die beiden Instrumenten in höchstem Maße abverlangt wird. Alle drei Duos op. 110 bilden deshalb einen interpretatorischen Prüfstein - auch für eingespielte Kammermusikpartner. Am 1. August 1830 schickte Kuhlau die von Farrenc gedruckten "3 Duos brillant op. 110" der späteren Widmungsträgerin Baronin M. v. Schwerin: "Gnädige Frau Baronin! Verzeihen Sie gütigst dass ich es wagte beifolgendes Werk mit Ihrem verehrten Nahmen zu zieren. Es würde mich unendlich freuen wenn Ew. Gnaden diese Dedication gütig aufnähme, die Composition Ihren Beifall nicht ganz verfehlte, und sie als einen (zwar sehr unbedeutenden) Beweiss der grossen Hochachtung betrachteten mit welcher ich verharre."[2] Als Kuhlau diesen Brief schrieb, waren die angenehmen Zeiten des ereignisreichen Jahres 1829 für ihn nur noch Erinnerung. In den folgenden Jahren 1830 und 1831 trafen Kuhlau drei schwere Schicksalsschläge, von denen er sich nicht mehr erholen sollte.

---

1) Moscheles Leben I, S. 213
2) Brief an M. v. Schwerin vom 2.8.1830

11. Lyngby / Kopenhagen
   1830 - 1832
   Trio op. 119

Den Winter 1829/1830 verbrachte Kuhlau in Lyngby, wo er sich in "ländlicher Ruhe"[1] ganz seinen "musikalischen Ideen"[2] widmen wollte. Seine Äußerung "... Ich habe das Informiren nun gänzlich aufgeben müssen ..."[3] deutet darauf hin, daß er sich zu dieser Zeit - abgesehen vom Besuch Fürstenau - immer mehr aus der Öffentlichkeit des Kopenhagener Kulturlebens zurückzog.

Ein erster Schicksalsschlag, der diese innere Vereinsamung des unverheirateten Mannes verstärkte, war der plötzliche und unerwartete Tod seines Vaters am 21. Januar 1830. Ohne "vorher im geringsten krank gewesen zu sein"[4] starb er in dem für damalige Verhältnisse ungewöhnlich hohen Alter von 82 Jahren. In den 17 Jahren, die Kuhlau mit seinen Eltern gemeinsam in Dänemark verbrachte, hatte er sich an dieses Familienleben gewöhnt und erst jetzt wurde ihm klar, daß diese Zeit nicht ewig dauern konnte. Die ganze Sorge Kuhlaus galt jetzt seiner Mutter, die sich zunächst von dem Schicksalsschlag gut erholt hatte. "... - Unsere alte Mutter befindet sich Gott Lob! sehr wohl. Ihr Gedächtniss ist so schwach, dass sie ihren seligen Mann fast ganz vergessen hat, und so hat sie auch keine Zeit

---

1) Brief an eine Baronin, wahrscheinlich M. v. Schwerin, vom 17.12.1829.
2) Ebenda.
3) Ebenda.
4) Brief an Andreas Kuhlau vom 23.1.1830.

an ihn zu denken, denn den ganzen Tag pusselt sie soviel im Hause und im Hühnerhofe herum, dass sie gar nichts von Langerweile weiss, und dabei bleibt sie gesund und munter; ich hoffe, sie wird noch mehre Jahre leben. ... Ich werde auch Mutter zu Liebe diesen Sommer nicht verreisen. ..."[1] In diesem Sommer, in dem Kuhlau wirklich so oft er konnte in Lyngby blieb, kam am 21. Juni 1830 seine Schwester, die Witwe Amalie Kuhlau-Jepsen, genannt Male, nach Lyngby, um ihn und die gemeinsame Mutter zu unterstützen.

Zu dieser Zeit entstand Kuhlaus letztes dramatisches Werk: Die Schauspielmusik zu "Trillingbrødrene fra Damask (Die Drillingsbrüder von Damaskus)". Nach dem großen Erfolg von "Elverhøj" und der danach gewährten Gehaltsverdoppelung bestand die Theaterdirektion darauf, daß zur Saisoneröffnung im September 1830 wieder ein von Kuhlau vertontes Stück auf die Bühne kommen sollte. Nachdem Kuhlau im Januar das Textbuch zu "Ravnen (Der Rabe)" von Hans Christian Andersen (1805 - 1875) zurückgewiesen hatte[2] und zunächst auch die Komposition der "Drillingsbrüder" wegen Zeitnot nicht ausführen wollte[3], war es der ausdrückliche Wunsch des Librettisten, der ihn doch noch umstimmte. Es war Oehlenschläger, Kuhlaus geschätzter Freund, der sein neues Schauspiel gern mit der Musik von Kuhlau auf die Bühne bringen wollte. Am 23. April 1830

---

1) Brief an Andreas Kuhlau vom 27.3.1830.
2) Brief an E. Collin vom 12.1.1830.
3) Brief an C. F. von Holstein vom 3.4.1830.

forderte Kuhlau von Oehlenschläger das Libretto an und vollendete in der kurzen Zeit bis August die Komposition, die aus einer Ouvertüre, strophischen Liedern und Chören bestand. Die Uraufführung am 1. September 1830 war kein großer Erfolg, so daß es nur zu zwei weiteren Aufführungen kam. Oehlenschläger begründete den Mißerfolg folgendermaßen: "Von den Drilingsbrüdern von Damaskus, wozu Kuhlau herrliche Musikpiecen geschrieben hat, kann ich wohl sagen, daß sie nicht das Glück machten, welches sie verdienten. Dies entsprang hauptsächlich der Schwierigkeit, drei Schauspieler zu finden, die einander so glichen, daß es natürlich war, daß man den einen für den anderen hielt. Man wollte und konnte keine Masken gebrauchen, an die Leichtigkeit hingegen, durch aufgeklebte Augenbrauen, Nasen und Bärte, die Ähnlichkeit hervorzubringen, dachte man nicht. Winsløw war als Babekan und Madame Wexschall als Lyra vortrefflich."[1]

Zu dem Mißerfolg der "Drillingsbrüder" traf Kuhlau vier Tage nach der letzten Aufführung am 9. November 1830 ein weiterer Schicksalsschlag: der Tod der Mutter. Wie sehr Kuhlau unter dem Verlust seiner Eltern gelitten hat, geht nicht nur aus den erhaltenen Briefen an seinen Bruder Andreas hervor, sondern auch aus seinen Geschäftsbriefen, in denen er die Todesfälle immer wieder erwähnt. "Verzeihen Sie gütigst, dass ich ihre letzten geehrten Briefe erst heute beantworte; die (für mich sehr traurige) Ursache ist: dass ich meine Eltern, ... in dem

---

1) A. Oehlenschläger: Lebenserinnerungen IV. Bd., S. 44 ff.

Zeitraum von einigen Monathen, durch den Tod verlor, ..."[1] schrieb er in einem Brief an Farrenc, " - Zwei Leichenbegängnisse in einem Jahre - das ist doch hart! ..."[2] bemerkte er in einem Schreiben an Böhme.

In dieser schweren Zeit, gegen Ende des Jahres 1830, trug sich Kuhlau mit dem Gedanken, wieder etwas für die Flöte zu schreiben. Er dachte an eine Sonate für Flöte und Klavier für den französischen Flötisten Paul Hippolyte Camus (1796 - ?) und an ein Klavierquartett mit Flöte für seinen Verleger Farrenc und dessen Frau: "... - Es ist mir sehr schmeichelhaft dass Hr. Hl. Camus - welchen Sie mir als einen vortrefflichen Virtuosen, auf der Flöte, schildern - meine Compositionen liebt; mit Vergnügen würde ich ihm Ihrem Wunsche zu Folge eine grosse Sonate für Flöte u. Fortepiano dediciren wenn Sie von diesem Werke der Verleger seyn wollten, ... - Ich habe auch schon längst im Sinne gehabt Ihnen u. Ihrer Frau Gemahlin etwas zu dediciren; - was meinen Sie zu einem grossen Quartett für Pianoforte, Flöte, Bratsche (oder Violin) und Cello? - ..."[3] Zur Ausführung beider Kompositionen kam es aber nicht, wahrscheinlich weil Farrenc diese Werke nicht verlegen wollte. Erst nach einem Angebot des englischen Musikverlegers Christian Rudolph Wessel (1797 - 1885), der auf Kuhlau

---

1) Brief an A. Farrenc vom 11.12.1830.
2) Brief an C. G. S. Böhme vom 11.12.1830.
3) Brief an A. Farrenc vom 11.12.1830.

durch die Duos brillant op. 110 aufmerksam geworden war, verpflichtete er sich ein ähnliches Werk für Wessel zu schreiben: "Ew. Wohlgeboren geehrte Zuschrift vom 14ten Dec. v. J. habe ich erhalten u. mit Vergnügen darauss ersehen dass Ihnen meine Sonaten (oder Duetten) für Pianoforte u. Flöte gefallen und Sie ähnliche Werke von mir zu verlegen wünschen. ..."[1] Aber auch diese Komposition kam vorerst nicht zustande, da Kuhlau - als weiterer Schicksalsschlag - am 5. Februar 1831 eine Katastrophe heimsuchte: "... Der 5te Februar war ein sehr unglücklicher Tag für uns; es brach an diesem Tage in unsres Nachbar's Haus Abends um 5 Uhr Feuer aus; da der Wind sehr stark wehete, und in Lyngbye die Häuser mit Stroh gedeckt sind, so dauerte es kaum eine Viertelstunde, so stand unser Haus auch schon in hellen Flammen; in der kurzen Zeit konnte nicht viel gerettet werden, Fritzen's Verlust, vorzüglich in Musikalien bestehend, ist gar nicht zu berechnen. Wir standen lange auf der Strasse in Schnee und Kälte, den schauderhaften Anblick vor uns; ..."[2] Dieser Brand im Hause des Glasmeisters Anders Nielsen Halberg, in dem Kuhlau mit seiner Schwester und seinem Hund Presto zu dieser Zeit wohnte, hatte für Kuhlau schwerwiegende gesundheitliche Folgen. Durch den Aufenthalt in der kalten Winternacht verschlimmerte sich eine Gichterkrankung und Erkältung so stark, daß er sich am 8. März 1831 in das Kopenhagener Friedrichshospital einliefern lassen

---

1) Brief an CH. R. Wessel vom 22.1.1831.
2) Brief von Amalie Kuhlau an Andreas Kuhlau vom 12.4.1831.

mußte. Neben seinem schlechten Gesundheitszustand mußte er durch den Brand große materielle Verluste hinnehmen, unter denen sich auch einige Manuskripte - darunter auch sein zweites Klavierkonzert und eine fast fertige Generalbaßschule - befanden. Besonders traurig stimmte Kuhlau, daß sein geliebter Presto durch das Feuer so großen Schaden genommen hatte, daß er kurze Zeit später starb.[1] Während des Krankenhausaufenthaltes veranstalteten Kuhlaus Freunde am 1. Mai 1831 zugunsten des kranken Komponisten ein Benefizkonzert[2], zu dem Weyse einen vierstimmigen Gesang auf Kuhlaus Genesung schrieb. Am 7. Juni 1831 - nach drei Monaten - konnte Kuhlau das Krankenhaus wieder verlassen. Er begab sich zur weiteren Erholung zurück nach Lyngby, wo er mit seiner Schwester Amalie eine neue Wohnung gemietet hatte. Im Juli hatte sich sein Gesundheitszustand so weit gebessert, daß er seine Arbeit wieder aufnehmen konnte. Er erinnerte sich an die versprochene Flötenkomposition und schrieb an Wessel: "Ew. Wohlgeborn entschuldigen gütigst dass ich erst heute Ihr geehrtes Schreiben v. 18 Febr. d. J. beantworte. Eine schwere Krankheit, woran ich über 7 Monate leiden musste verhinderte mich Ihnen früher zu schreiben ... so hoffe ich Ihnen noch im Laufe dieses Jahres ein Duett, Ihrem Wunsche zu Folge in F dur, liefern zu können. ..."[3]

---

1) C. Thrane: Friedrich Kuhlau, S. 94.
2) G. Busk: Friedrich Kuhlau, S. 87.
3) Brief an Ch. R. Wessel vom 11.7.1831.

Aus dem versprochenen "Duett in F-Dur" wurde das "Primier grande Trio concertant für 2 Flöten und Pianoforte op. 119", das Kuhlau am 9. Dezember 1831 an Wessel abschickte: "Hochgeehrter Herr! Mit der gestrigen fahrenden Post habe ich mein Oeuv. 119 ... an die Herren Schiller & Comp., zur Weiterbeförderung an Sie, abgesandt. ... Ich hoffe und wünsche, dass diese Composition Ihren Beifall erhalten möge. Sie ist heitern Characters, brillant, und doch nicht schwer auszuführen; grade so wie Sie es wünschten. Da ich selbst keinen Metronom besitzte, u. hier keinen ächten bekom̄en konnte, so habe ich die Tempo's nicht danach bezeichnen können, welche aber auch in diesem Musikstücke kaum zu verfehlen sind. Nun habe ich noch eine Bitte an Sie: ich habe nämlich dieses Trio an einen Herren Franz Steigerwald (in Würzburg) dedicirt, und bitte Sie nicht allein diese Dedication auf den Titel (so wie ich sie geschrieben habe) stechen zu lassen, sondern auch, wenn Sie zu diesem Werke einen Mitverleger in Deutschland, oder sonst wo, haben, selbigen zu verpflichten, die Dedication ebenfalls dem Titel mit einzuverleiben, ..."[1] Zu der Widmung an Franz Steigerwald kam es nicht. Warum die Erstausgabe als Widmungsträger den Flötisten Jean Sedlatzek (1789 - 1866) nennt, konnte nicht geklärt werden. Das Trio op. 119 ist Kuhlaus letzte Komposition für Flöte und eines seiner letzten Werke überhaupt.

---

1) Brief an Ch. R. Wessel vom 10.12.1831

Abb. 26: Friedrich Kuhlau: Lithographie nach dem Pastellbild von C. Hornemann, erschienen bei Wessel 1831

In der Anlage folgt das dreisätzige Trio op. 119 den Duos brillant op. 110, in deren Stil Wessel auch die bestellte Komposition wünschte. In allen drei Sätzen folgt Kuhlau dem Prinzip, zuerst die Hauptthemen vom Klavier allein spielen zu lassen, bevor diese bei der Wiederholung mit einer oder beiden Flöten und Klavierbegleitung zusammen erklingen. Im langsamen zweiten Satz "Adagio Patetico, Sostenuto assai" wird die achttaktige Periode des Hauptthemas zwischen den Instrumenten so aufgeteilt, daß der erste Teil vom Klavier allein, der zweite Teil von den beiden Flöten allein vorgetragen wird. Diese Aufteilung des Themas verleiht den ersten acht Takten des zweiten Satzes Einleitungscharakter, indem nicht nur das thematische Material vorgestellt wird, sondern auch die instrumentenbedingten Klangfarben nebeneinander gesetzt werden.

Notenbeispiel 72: Beginn des Adagio Patetico

Das Trio op. 119 ist in dieser Besetzung das bedeutendste Werk aus der Zeit der Romantik. Es existiert auch in einer Fassung für Flöte, Violoncello und Klavier, die sich ebenfalls lohnt zu erarbeiten, wenn eine Alternative zu Webers berühmten g-moll Trio op. 63 gesucht wird.

In der zweiten Hälfte des Jahres 1831 entstanden neben diesem Trio op. 119 noch einige kleinere Klavierwerke und Kuhlaus erstes Streichquartett: "... Ein hiesiger reicher Kaufmann u. grosser Musikfreund, hat mich aufgefordert für ihm 6 Quartetten für 4 Bogeninstrumente zu componiren. ... Da ich nun schon lange wünschte mich auch in dieser Gattung von Composition zu versuchen, so habe ich diesen Auftrag mit Vergnügen angenomen. ..."[1] Von dieser Reihe der sechs geplanten Streichquartette für den Kaufmann Waagepetersen hat Kuhlau im Januar 1832 nur noch das erste in a-moll op. 122 vollendet. Dieses Streichquartett war seine letzte Komposition.

Notenbeispiel 73: Beginn des 1. Streichquartetts in Kuhlaus Handschrift

---

1) Brief an A. Farrenc vom 18.7.1831

Ende Februar 1832 verschlimmerte sich Kuhlaus Gesundheitszustand erneut, denn die starke Erkältung und die Gichterkrankung hatte er während seines dreimonatigen Krankenhausaufenthalts nicht auskuriert. Nach zweiwöchigem Krankenlager starb er am 12. März 1832 in seiner Kopenhagener Wohnung Nyhavn 12, wohin er mit seiner Schwester im Oktober 1831 aus Lyngby übersiedelt war.
Amalie Kuhlau schrieb an den Bruder Andreas Kuhlau: "... Er ist nicht mehr, unser guter Bruder Fritz, nach 14tägiger Krankheit und hartem Kampf schlief er gestern Abend um drei Viertel auf Acht sanft und ruhig ein; am Freitag wird er beerdigt, dies wird ein feierlicher Tag werden, Fritz wird hier allgemein geliebt und geehrt, ..."[1]

Das letzte erhaltene Dokument aus der Hand Kuhlaus ist ein Brief vom 28. Februar 1832 an den Kaufmann W. Scherres in Königsberg, in dem es bezeichnenderweise wieder um neue Flötenkompositionen ging: "Ew. Wohlgeboren mir höchst schmeichelhaftes Schreiben vom 27 Jan. habe ich erhalten und nehme mir die Ehre auf Ihre Anfrage, in Hinsicht der Flöten-Quintetten, zu erwiedern, dass ich bis jetzt nur 3 von dieser Gattung geschrieben habe, nämlich Op. 51. - Ich habe mich verpflichtet eine Anzahl Quartetten für Streichinstrumente (ohne Flöte) zu schreiben, woran ich jetzt fleissig arbeite, sobald ich damit fertig bin wird es mir gewiss an Lust nicht fehlen einmal wieder Flötenquintetten zu componiren u. werde mir die Freiheit nehmen, sobald ich ein Werk dieser Art

---

1) Brief von Amalie Kuhlau an Andreas Kuhlau vom 13.3.1832

fertig habe Ihnen Anzeige davon zu machen. Indem ich Sie und Ihren dortigen musikalischen Freunden hochachtungsvoll grüsse habe ich die Ehre zu zeichnen

Ew. Wohlgebor ganz ergebener
F(r. Kuhlau.)"[1]

Abb. 27: Friedrich Kuhlau, Lithographie von Ludwig Fehr sen.

---

1) Brief an W. Scherres vom 28.2.1832.

Friedrich Kuhlau wurde nicht einmal 46 Jahre alt. Welch großen Stellenwert in diesem kurzen Musikerleben die Flötenkompositionen einnahmen, soll die vorliegende Arbeit zeigen. Fast ein Viertel des Gesamtwerkes von Kuhlau besteht aus Kompositionen mit Flöte, mehrfache Werke einer Opusnummer nicht einmal mit eingerechnet. Natürlich stehen nicht alle diese Flötenwerke auf der gleichen Höhe. Der Großteil der Kuhlauschen Werke mit Flöte ist aber von solch satztechnischer Qualität und instrumentengerechter Behandlung, daß Kuhlau durch Verschmelzung dieser beiden Vorzüge zu einer eigenständigen Tonsprache gelangt, welches Prädikat kaum von einer anderen Flötenkomposition der Romantik erreicht wird. Das ist der einfache Grund, warum sich Kuhlaus Werke mit Flöte - im Gegensatz zu seinen Opern und Kammermusikwerken ohne Flöte - bis auf den heutigen Tag in den Konzertsälen behauptet haben.

Verzeichnis der Flötenkompositionen von Friedrich Kuhlau

(alle Originaltitel wurden hier in die heute übliche Schreibweise übertragen/ in Klammern stehen jeweils die für diese Arbeit benutzten Ausgaben/ alle handschriftlichen Partitur-Notenbeispiele wurden von diesen Ausgaben hergestellt)

op. 10 (bis)   Variationen und Capricen für Fl.
        (NA Amadeus Verlag)

op. 10   3 Duos für 2 Fl. (NA Peters)

op. 13   3 Trios für 3 Fl. (NA IMC)

op. 38   3 Fantasien für Fl. (NA Universal Edition)

op. 39   3 Duos für 2 Fl. (NA Billaudot)

op. 51a   3 Quintette für Fl., V., 2 Va u. Vc.
        (Nr.1: Samfundet til Udgivelse af dansk Musik, København 1961, -vergriffen-)
        (Nr.2: Ebenda, -vergriffen-)
        (Nr.3: NA Kunzelmann)

        in der Bearbeitung von Anton Keyper für Fl. u. Kl.
        (Nr. 1: NA Costallat)
        (Nr. 2: NA Billaudot)
        (Nr. 3: NA Billaudot)

op. 57   3 Solos für Fl. u. Kl. ad lib. (NA Peters)

op. 63 Introduktion und Variationen über
Euryanthe für Fl. u. Kl. (NA Bärenreiter)

op. 64 Sonate Es-Dur für Fl. und Kl.
(NA Billaudot)

op. 68 6 Divertissements für Fl. u. Kl. ad. lib.
(NA IMC)

op. 69 Sonate G-Dur für Fl. u. Kl.
(NA Zimmermann)

op. 71 Sonate e-moll für Fl. u. Kl.
(NA Billaudot)

op. 80 3 Duos für 2 Fl. (NA Peters)

op. 81 3 Duos für 2 Fl. (NA Peters)

op. 83 3 Sonaten für Fl. u. Kl.
(Nr.1: NA Bärenreiter)
(Nr.2: NA Bärenreiter)
(Nr.3: NA Billaudot)

op. 85 Sonate a-moll für Fl. u. Kl.
(NA Billaudot, Reprint Schott)

op. 86 3 Trios für 3 Fl. (NA Billaudot)

op. 87 3 Duos für 2 Fl. (Reprint Schott)

op. 90 Trio für 3 Fl. (Reprint Schott)

op. 94 Variationen über Le colporteur
für Fl. u. Kl.
(Erstdruck Peters ca. 1830, -vergriffen-)

op. 95   3 Fantasien für Fl. u. Kl. ad lib.
          (NA Zimmermann)

op. 98   Introduktion und Rondo über Le Colporteur
          für Fl. u.Kl. (NA Billaudot)

op. 99   Introduktion und Variationen über
          Le colporteur für Fl. u. Kl.
          (Erstdruck Peters ca. 1830, -vergiffen-)

op.101   Introduktion und Variationen über Jessonda
          für Fl. u. Kl. (NA Zimmermann)

op.102   3 Duos für 2 Fl. (NA IMC)

op.103   Quartett für 4 Fl. (NA Peters)

op.104   Variationen über ein schottisches Volkslied
          für Fl. u. Kl. ad lib. (NA Billaudot)

op.105   Variationen über ein irländisches Volkslied
          für Fl. u. Kl. ad lib.
          (NA Wiener Querflöten Edition)

op.110   3 Duos für Fl. u. Kl. (NA Billaudot)

op.119   Trio für 2 Fl. u. Kl. (Fl., Vc. u. Kl.)
          (NA IMC)

Quellenverzeichnis

I.   Nachschlagewerke
II. Einzelne Schriften
III. Notenausgaben

I. Nachschlagewerke

1. Das Große Lexikon der Musik, hrsg. von Marc Honegger und Günther Massenkeil, Freiburg i. Br. 1978

2. Der Große Musik Führer, Kiesel Verlag 1981

3. Meyers Grosses Taschen-Lexikon, hrsg. und bearb. von Meyers Lexikonredaktion, 2. Auflage 1987

4. Die Musik in Geschichte und Gegenwart (MGG) hrsg. von Friedrich Blume, Taschenbuchausgabe Kassel 1989

5. Reclams Opernführer, hrsg. von Wilhelm Zentner, 25. Aufl. Stuttgart 1969

6. Ullstein Lexikon der Musik, hrsg. von Friedrich Herzfeld, 8. Aufl. Frankfurt a. M. 1976

7. Das große Handbuch der Oper, von Heinz Wagner, Wilhelmshaven 1987

8. dtv - Atlas zur Weltgeschichte, von Herrmann Kinder und Werner Hilgemann, 22. Aufl. München 1987

II. Einzelne Schriften

1. Abendroth, Walter: Schopenhauer, Reinbek 1988

2. Boehm, Theobald: Die Flöte und das Flötenspiel, Leipzig 1871

3. Bricka, Georg St.: Vorwort zu "William Shakespeare", Kopenhagen 1873

4. Burney, Charles: Tagebuch einer musikalischen Reise, hrsg. von Eberhardt Klemm, Wilhelmshaven 1985

5. Busk, Gorm: Friedrich Kuhlau, Dissertation (Dän.), Kopenhagen 1986

6. Busk, Gorm: Kuhlau, Hans liv og vaerk (dän.), Kopenhagen 1986

7. Busk, Gorm: Kuhlau Breve (dän.), Kopenhagen 1990

8. Busk, Gorm: Booklet zur CD Kontrapunkt 32009/11 (Lulu)

9. Cammarota, Robert M.: Booklet zur CD CBS Mk 44517 (Flötenquintette op. 51)

10. Christiansen, Asgar Lund: Booklet zur CD Dansk Musik Antologi DMA 090 (Streichquartett op. 122)

11. Dömling, Wolfgang: Berlioz, Reinbek 1977

12. Einstein, Alfred: Mozart, Frankfurt a.M. 1980

13. Fog, Dan: Friedrich Kuhlau, Thematisch-bibliographischer Katalog, Kopenhagen 1977

14. Fog, Dan: Booklet zur CD da capo DCCD 8902 (Elverhøj)

15. Friedell, Egon: Kulturgeschichte der Neuzeit Band 2, 6. Aufl. München 1986

16. Goldberg, Adolph: Porträts und Biographien hervorragender Flöten-Virtuosen, -Dilettanten und -Komponisten, Berlin 1906, Reprint Celle 1987

17. Graupner, Karl: Friedrich Kuhlau, Dissertation München 1930

18. Greither, Aloys: Wolfgang Amadé Mozart, Reinbek 1976

19. Grönland, P.: Alte schwedische Volks-Melodien gesammelt von E. G. Geijer und A. A. Afzelius, Kopenhagen 1818

20. Häussermann, Ulrich: Hölderlin, Reinbek 1961

21. Hase-Schmundt, Ulrike von: Booklet zur CD Claves 50-8705 (ausgewählte Flötenwerke)

22. Hildesheimer, Wolfgang: Mozart, Frankfurt a.M. 1977

23. Hodgsen, Antony: Booklet zur CD Unicorn Dkp 9110 (Klavierkonzert op. 7, Concertino op. 45)

24. Hummel, Walter: W. A. Mozarts Söhne, Berlin o. J.

25. Köhler, Karl-Heinz und Herre, Grita (Hrsg.): Ludwig van Beethovens Konversationshefte

26. Kölbel, Herbert: Von der Flöte, 3. Aufl. Kassel 1987

27. Meylan, Raymond: Die Flöte, 2. Aufl. Bern 1975

28. Moscheles, Ignaz: Aus Moscheles' Leben, Leipzig 1872/1873

29. Moser, Hans Joachim: Lehrbuch der Musikgeschichte, Berlin 1937

30. Oehlenschläger, Adam: Lebenserinnerungen, München 1923

31. Ortheil, Hanns-Josef: Jean Paul, Reinbek 1987

32. Ottenberg, Hans-Günter: Carl Philipp Emanuel Bach. Leipzig 1982

33. Paul, Jean: Flegeljahre, Frankfurt a.M. 1986

34. Paumgartner, Bernhard: Mozart, 8. Aufl. Zürich 1980

35. Pešek, Ursula & Željko: Flötenmusik aus drei Jahrhunderten, Kassel 1990

36. Pierreuse, Bernhard: Flute Litterature, Paris 1982

37. Rachmanowa, Alja: Tschaikowskij, Wien 1972

38. Reidemeister, Peter: Vorwort zur Neuausgabe von Kuhlaus op. 10 (bis), Winterthur 1981

39. Rexroth, Dieter: Beethoven, 2.Aufl. Mainz 1988

40. Scheck, Gustav: Die Floete und ihre Musik, 1. Aufl. Leipzig 1981

41. Scherliess, Walter: Gioacchino Rossini, Reinbek 1991

42. Schmid, Manfred Hermann: Theobald Boehm, Die Revolution der Flöte, Tutzing 1981

43. Schmitz, Hans-Peter: Fürstenau heute, Kassel 1988

44. Schmitz, Hans-Peter: Flötenlehre Band 2, Kassel 1955

45. Seidat, Hans E. (Redaktion), Der Landkreis Uelzen, Uelzen 1981

46. Seyfried, Ignaz Ritter von: Ludwig van Beethoven, Studien im Generalbass, Contrapunkt und Compositionslehre, Wien 1832

47. Thayer, Alexander Wheelock: Ludwig van Beethovens Leben, Reprint 2. Aufl. Hildesheim 1970 - 1972

48. Thrane, Carl: Friedrich Kuhlau, deutsche Übersetzung aus "Danske Komponister", Leipzig 1886

49. Vester, Frans: Vorwort zur Neuausgabe von Kuhlaus op. 38, London 1975

50. Wagner, Richard: Das Rheingold, Text und Erläuterungen, hrsg. von Kurt Pahlen, 1. Aufl. München 1982

51. Zobeley, Fritz: Beethoven, Reinbek 1965

Zeitungsausschnitte:

Hamburgischer Correspondent vom 17. und 28.11.1810
Allgemeine musikalische Zeitung, Nr. 47, Nov. 1828
Abendzeitung-Wochenend-Magazin, Nov. 1986

Bibliotheken:

Bayreuth (Thurnau), Berlin, Hamburg, München

Archive:

u. a. von Frau Marianne Henkel-Adorjan (München)
und Herrn Željko Pešek (Tübingen)

III. Notenausgaben

(Flötenkompositionen von Friedrich Kuhlau
im Verzeichnis S. 172)

1. Beethoven, Ludwig van: Variationen über Volksweisen op. 105 u. op. 107 für Fl. u. Kl.,
   (NA Wiener Urtext Edition 1973)

2. Beethoven, Ludwig van: Streichquartett op. 132,
   (TP Eulenburg)

3. Boehm, Theobald: Variationen über "Nel cor non mi sente" op. 4 für Fl. u. Kl., (NA Billaudot)

4. Kuhlau, Friedrich, Lulu op. 65, (Kl.A. Lose 1825, Staatsbibliothek Hamburg)

5. Kuhlau, Friedrich: Sonatinen für Klavier zu zwei Händen, (NA Peters)

6. Möller, Heinrich (Hrsg.): Skandinavische Volkslieder, (Schott)

7. Möller, Heinrich (Hrsg.): Keltische Volkslieder, (Schott)

8. Mozart, Wolfgang Amadeus: Le nozze di Figaro KV 492, (TP Eulenburg)

9. Mozart, Wolfgang Amadeus: Don Giovanni KV 527, (TP Eulenburg)

10. Mozart, Wolfgang Amadeus: Die Zauberflöte KV 618, (TP Eulenberg, Kl.A. Peters)

11. Onslow, Georges: Le colporteur, (Part. Bibliothek Bayreuth)

12. Paisiello, Giovanni: La Molinara, (Kl.A. Bibliothek Bayreuth)

13. Reinecke, Carl: Sonate "Undine" op. 167 für Fl. u. Kl., (NA R. Vorberg)

14. Schneider, Friedrich: Sonaten op. 33 und op. 35 für Fl. u. Kl., (NA Bärenreiter)

15. Silcher, Friedrich: Variationen über "Nel cor non mi sente" für Fl. u. Kl., (NA Bärenreiter)

16. Spohr, Lois: Jessonda, (Kl.A. Bibliothek Bayreuth)

17. Weber, Carl Maria von: Euryanthe, (Kl.A. Bibliothek Bayreuth)

18. Weber, Carl Maria von: Trio op. 63 für Fl., Vc. u. Kl., (NA Peters)

19. Vanhal, Johann Baptist: Variationen über "Nel cor non mi sente" op. 4 für Fl. u. Git., (NA Schott)

Abbildungsverzeichnis

(in Klammern jeweils die für diese Schrift benutzte Quelle)

Abb. 1: Friedrich Kuhlau, Lithographie von Emil Baerentzen, Königliche Bibliothek Kopenhagen,(Amadeus Verlag, Winterthur 1981)

Abb. 2: Grafische Darstellung von Kuhlaus Eltern und seinen Geschwistern, (Karl Graupner: Friedrich Kuhlau, München 1930)

Abb. 3: Christian Friedrich Gottlieb Schwencke, Steindruck von A. Cranz um 1915, (MGG, Bd. 12, Tafel 23)

Abb. 4: Comödienzettel der Stadt Hamburg, (Karl Graupner: Friedrich Kuhlau, München 1930)

Abb. 5: Ebenda

Abb. 6: Adam Oehlenschläger, (Gorm Busk: Friedrich Kuhlau, Kopenhagen 1986)

Abb. 7: Jens Baggesen, (Gorm Busk: Friedrich Kuhlau, Kopenhagen 1986)

Abb. 8: Anton Bernhard Fürstenau, Mendel-Reissmann, (Adolph Goldberg: Porträts und Biographien hervorragender Flöten-Virtuosen, -Dilettanten und -Komponisten, Berlin 1906, Reprint Celle 1987

Abb. 9: Das königliche Theater zu Kopenhagen, nach L. de Thurah "Hafnia Hodierna", Kopenhagen 1748, (MGG, Bd. 7 Tafel 67)

Abb. 10: Titelblatt des Originalklavierauszugs von Lulu, Kopenhagen 1825, (Staatsbibliothek Hamburg)

Abb. 11: Ludwig van Beethoven, Lithographie mit der eigenhändigen Unterschrift "meinem Freunde Kuhlau von L. v. Beethoven", Musikhistorisches Museum Kopenhagen, (Gorm Busk: Friedrich Kuhlau, Kopenhagen 1986)

Abb. 12: Kuhlaus Haus Landlyst in Lyngby, Zeichnung von ca. 1875, (Booklet der CD Kontrapunkt 32009/11)

Abb. 13: Kuhlaus Haus Landlyst in Lyngby (Fotografie von Jeppe Tønsberg von 1986, (Gorm Busk: Friedrich Kuhlau, Kopenhagen 1986)

Abb. 14: Hofmarschall Adam Wilhelm Hauch. (Gorm Busk: Kuhlau Breve, Kopenhagen 1990)

Abb. 15: Casper Johannes Boye; (Gorm Busk: Friedrich Kuhlau, Kopenhagen 1986)

Abb. 16: Brief vom 20. Januar 1829 in Kuhlaus Handschrift, (Archiv B. Schott's Söhne, Mainz)

Abb. 17: Brief vom 4. September 1828 in Kuhlaus Handschrift, Reichsarchiv Kopenhagen, (Gorm Busk: Friedrich Kuhlau, Kopenhagen 1986)

Abb. 18: Johan Ludvig Heiberg, (Gorm Busk: Friedrich Kuhlau, Kopenhagen 1986)

Abb. 19: Kuhlau und Heiberg auf einer Postkarte aus dem letzten Jahrhundert, (Gorm Busk: Friedrich Kuhlau, Kopenhagen 1986)

Abb. 20: Die Titelblätter des Erstdrucks von Kuhlaus op. 94 und op. 99, Leipzig ca. 1830 (Staatsbibliothek Berlin)

Abb. 21: Aristide Farrenc, Mendel-Reissmann, (Adolph Goldberg: Porträts und Biographien ... Berlin 1906, Reprint Celle 1987)

Abb. 22: Friedrich Kuhlau, Lithographie von C. W. Wiehe, (Gorm Busk: Friedrich Kuhlau, Kopenhagen 1986)

Abb. 23: Julius Gabrielski, Mendel-Reissmann, Adolph Goldberg: Porträts und Biographien ... Berlin 1906, Reprint Celle 1987)

Abb. 24: Karl August Grenser, Mendel-Reissmann, (Adolph Goldberg: Porträts und Biographien ... Berlin 1906, Reprint Celle 1987

Abb. 25: Joseph Guillou, Mendel-Reissmann, (Adolph Goldberg: Porträts und Biographien ... Berlin 1906, Reprint Celle 1987)

Abb. 26: Friedrich Kuhlau, Lithographie nach dem Pastellbild von C. Hornemann, Wessel 1831, (Gorm Busk: Kuhlau Breve, Kopenhagen 1990)

Abb. 27: Friedrich Kuhlau, Lithographie von Ludwig Fehr sen., Königliche Bibliothek Kopenhagen, (Gorm Busk: Friedrich Kuhlau, Kopenhagen 1986)

Abb. 28: (Bild auf der Titelseite)
Friedrich Kuhlau, Pastellbild von Christian Hornemann (1765 - 1844), Musikhistorisches Museum Kopenhagen, (Booklet der CD Kontrapunkt 32009/11)
Friedrich Kuhlau, Introduktion und Variationen über Le colporteur op. 99 für Fl. u. Kl., erste Seite der Flötenstimme, Leipzig ca. 1830 (Staatsbibliothek Berlin)

Notenbeispiel 34: Beethovens Kanon über Kuhlaus
(Abb. 29) Namen, (Abendzeitung-Wochenend-Magazin, November 1986)

Notenbeispiel 73: Beginn des Streichquartetts op. 122
(Abb. 30) in Kuhlaus Handschrift, Königliche Bibliothek Kopenhagen, (MGG, Bd. 7, S. 1876)

Abkürzungen

Abb.	Abbildung
ad lib.	ad libitum (nach Belieben)
AmZ	Allgemeine musikalische Zeitung
Bd.	Band
Ed.	Edition
Fl.	Flöte
Git.	Gitarre
Hrsg., hrsg.	Herausgeber, herausgegeben
IMC	International Music Company
Kl.A.	Klavierauszug
MGG	Die Musik in Geschichte und Gegenwart
NA	Neuausgabe
Part.	Partitur
TP	Taschenpartitur
V.	Violine
Va.	Bratsche
Vc.	Violincello

Personenregister

Afzelius, A. A.   115
Ahrenbostel, Hartwig   4
Andersen, Hans Christian   160

Bach, Carl Philipp Emanuel   9,10
Baggesen, Jens Immanuel   19,31f
Beethoven, Ludwig van   16,17,82f,89f,96,147
Berlioz, Hector   XI
Bianchi, Francesco   39
Boehm, Theobald   14,40f
Böhme, Carl Gotthelf S.   120f,146,149,150f,162
Böhme, Johann August   77,100
Bøgh, Nicolaj   94
Boye, Caspar Johannes   34,91,100,103f
Brahms, Johannes   XI
Brincks, Frederica   12
Brun, Adelaide   22
Brun, Constantin   22
Brun, Friederike   22
Bruun, Peter Christian   53
Burney, Charles   9
Busk, Gorm   XIV

Camus, Paul Hippolyte   162
Cestenoble,   12
Cherubini, Luigi   16,32
Cranz, August Heinrich   14,71,75
Christian IV., König von Dänemark   117,118
Christian VII., König von Dänemark   19

da Ponte, Lorenzo   39
de Lorichs, G. D.   23
Dulon, Friedrich Ludwig   X
Dussek, Johann Ladislaus   7

Evers, J. L.   16
Ewald, Johannes   19

Farrenc, Jaques Hyppolite Aristide   132f,136f,
146,149,157,158,162
Fehr sen., Ludwig   170
Förster, Johann Christian   21
Friedrich, Prinz von Dänemark   114
Friedrich VI., König von Dänemark   18,19,114
Fürstenau, Anton Bernhard   49f,156f

Gabrielski, Julius   150
Gade, Niels W.   118
Geijer, E. G.   115
Georg III., König von England   1
Gliere, Reinhold   51
Graf, Conrad   83
Graupner, Karl   X,XIV,126
Grenser, Karl August   151
Grieg, Edward   118
Güntelberg, Carl Christian Frederik   55f,59
Guillou, Joseph   132,155f

Härtel, Gottfried Christoph 7,23,25f,28,34f,44,51
Halberg, Anders Nielsen 163
Hartmann, Johann Ernst 19
Hashagen,Gerhard Diderich 150
Haslinger 83
Hauch, Adam Wilhelm 21,56,57,66,100
Haydn, Joseph 16
Heiberg, Johan Ludvig 19,114f,119
Himmel, F. H. 16
Hjord, Peter 32
Høegh-Guldberg, Frederik 52
Hölderlin, Friedrich X
Hofmeister, Friedrich 69
Holz 83,86f
Hornemann, C. 166
Huntly, W. L. 145f,149

Jean Paul X
Jepsen, Nis 57
Junck 31

Keyper, Anton 52
Keyper, Leopold 52
Kirnberger, Johann Philipp 10
Kistner 68
Kotzebue, A. v. 16
Kuhlau, Amalie 3,57,160,164,169
Kuhlau, Andreas 6,43,90,169
Kuhlau, Christine Magdalena 28,93
Kuhlau, David Gottfried Martin 67
Kuhlau, Dorothea Charlotte (geb. Seegers) 1,93,159f,161
Kuhlau, Georg Friedrich 67,93
Kuhlau, Johann Daniel 18
Kuhlau, Johann Karl 1,93,159
Kunzen, Ludwig Ämilius 19,21,31f,49

Lichtenfeld 11
Løvenskiold, Carl 29
Løvenskiold, Frederikke, Elisabeth Conradine 29,71
Løvenskiold, Hermann Severin 71
Lobel, Moritz 140
Lose 112

Meidel, Dr. 2f
Mendelssohn-Bartholdy, Felix 91,114
Milde, Johan Christopher Daniel 133,146
Milder, Pauline Anna 154
Mortier, Marschall 17
Moscheles, Ignaz 154,157
Mozart, Franz Xaver 49
Mozart, Wolfgang Amadeus 16,19,30,39,42,49,51,53,55f,63,68f,108
Müller, Wenzel 55f

Napoleon Bonaparte IX,17,30
Nielsen, Carl 118

Oehlenschläger, Adam Gottlob 20,22,29,160f
Onslow, Georges 122f

Paisiello, Giovanni 14
Petersen, Niels 136
Peters, Carl Friedrich 36,120,146,152
Pleyel, Ignaz 149

Reinecke, Carl 81
Rossini, Gioacchino 41f,44f,55

Schall, Claus Nielsen 22
Scherres, W. 169
Schikaneder, Emanuel 55
Schlesinger, Moritz Adolph 85,90
Schneider, Friedrich XI,81
Schmitz, Hans-Peter 37,50,75
Schønwandt, Michael 64
Schopenhauer, Arthur X
Schott, Adam Joseph 105,108f
Schott, Bernhard 105
Schott, Johann Andreas 105,108f
Schott, Joseph 105,108f
Schubert, Franz 69
Schulz, Johann Abraham Peter 19
Schumann, Clara XI
Schumann, Robert 52
Schuncke, Johann Christoph 30,52
Schuncke, Johann Gottfried d. Ä. 51
Schwencke, Christian Friedrich Gottlieb 9f,11f,16
Schwerin, Baronin M. v. 158
Sedlatzek, Jean 165
Sellner, Joseph 77,83
Seyfried, Ignaz Ritter von 82
Silcher, Friedrich 14
Simrock, Nikolaus 53f,77,86
Spohr, Louis, 7,30,137
Steigerwald, Franz 165
Svendsen, Johan 118

Telemann, Georf Philipp 9
Thornam, P. F. 108
Thrane, Carl IX,XIII,XIV
Tschaikowsky, Peter Iljitsch XI
Tulou, Jean Louis XI

Vanhal, Johann Baptist 14

Waagepetersen, Christian 155,168
Wagner, Richard 115
Weber, Carl Maria von XI,53,55,70,91,118,168
Wessel, Christian Rudolph 162f,164f,167
Weyse, Christoph Ernst Friedrich 22,57,164
Wiehe, C. W. 133,134
Wieland, Christoph Martin 19,55
Wilhelmine, Prinzessin von Dänemark 114
Winther, Christian 94f

Zrza, Eleonora 58